Innovationskompetenz in Unternehmen

Michael Wannke • Manfred Storm
Ursula Liebsch

Innovationskompetenz in Unternehmen

Wie erfolgreiche Ideen entstehen und umgesetzt werden

 Springer Gabler

Dr. Michael Wannke   Manfred Storm
Langenargen, Deutschland   Regensburg, Deutschland

Prof. Ursula Liebsch
Sonthofen, Deutschland

ISBN 978-3-8349-3317-1   ISBN 978-3-8349-3799-5 (eBook)
DOI 10.1007/978-3-8349-3799-5

Die Deutsche Nationalbibliothek verzeichnet diese Publikation in der Deutschen National-
bibliografie; detaillierte bibliografische Daten sind im Internet über http://dnb.d-nb.de ab-
rufbar.

Springer Gabler
© Gabler Verlag | Springer Fachmedien Wiesbaden 2012

Lektorat: Stefanie A. Winter
Einbandentwurf: KünkelLopka GmbH, Heidelberg

Gedruckt auf säurefreiem und chlorfrei gebleichtem Papier

Springer Gabler ist eine Marke von Springer DE. Springer DE ist Teil der Fachverlagsgruppe
Springer Science+Business Media
www.springer-gabler.de

Inhalt

1   Einleitung

„Mit Feuer und Flamme Innovationskompetenz entwickeln", haben wir unser Buch genannt, weil wir uns von der Symbolik des Feuers inspirieren ließen. Feuer und Flamme stehen für Veränderung, für Leben, Leidenschaft und Begeisterung und auch für Energie, mit der Schmiede über Jahrhunderte hinweg Einzigartiges formen und gestalten konnten.

Noch heute kennen wir den Brauch, mit der olympischen Flamme die Olympischen Spiele zu eröffnen. Dies geht darauf zurück, dass bei den antiken Olympischen Spielen zu Ehren von Zeus Waffen- und Kampfhandlungen untersagt waren. Das Feuer steht hier als Symbol für Frieden.

Das Licht des Feuers steht auch für Umwandlung, Macht, Erkenntnis und die Leben spendende Kraft der Sonne. „Durchs Feuer gehen" oder „Feuerproben bestehen" betont die Bedeutung der Transformation als Ergebnis von großem Mut, enormen Anstrengungen und Risikobereitschaft. Aber „mit dem Feuer zu spielen", zeugt auch von immer vorhandenen Gefahren. All diese Aspekte zeigen sich auch auf dem Weg von einer anfänglichen ersten Idee bis zu ihrer erfolgreichen Umsetzung.

Was ist das Besondere an diesem Buch?

Wir Autoren sind das Thema Innovationskompetenz in zweifacher Weise angegangen: zum einen wird die Entwicklung von Innovationskompetenz von Ursula Liebsch als Geschichte erzählt, die den Leser in die olympische Götterwelt entführt. Zum anderen wird das Thema auf einer Sachebene behandelt, die elementare theoretische Hintergründe sowie konkrete Methoden und praxiserprobte Werkzeuge liefert.

Als Grundlage diente uns dazu ein von uns erstelltes Qualifizierungskonzept. Über eineinhalb Jahre hinweg sind damit Führungs- und Fachkräfte aus mittelständischen Unternehmen qualifiziert und auf ihrem Weg begleitet worden, Innovationsprojekte zu entwickeln und erfolgreich umzusetzen.

Dieses Buch gliedert sich entsprechend den Phasen von Innovationsprozessen. Dadurch bietet sich Ihnen genauso wie unseren antiken Helden ein praktikabler Weg durch die Prozessphasen von Innovationsvorhaben.

Wir beginnen diesen Weg mit einer Diskussion und nachhaltigen Festlegung der zukünftigen Position sowie einer entsprechenden strategischen Ausrichtung eines Unternehmens, aus der sich konkrete Innovationsvorhaben ableiten.

In der nächsten Phase zeigen wir Möglichkeiten auf, ein Feuer der Begeisterung für das Neue sowohl bei Betroffenen als auch bei Beteiligten zu entfachen.

Mit diesem Feuer der Begeisterung stellen wir uns allen Herausforderungen einer Umsetzung. Wir nehmen diese Begeisterung mit in die Phase der Planung und erfolgreichen Realisierung des Innovationsvorhabens und zeigen anschließend Möglichkeiten auf, daraus eine langfristige Flamme einer Innovationsschmiede zu entwickeln und die Kunst des Feuermachens im Unternehmen dauerhaft zu etablieren.

Eingeleitet von den Erlebnissen und Erfahrungen der Protagonisten unserer Geschichte werden dazu in jedem Kapitel die zugehörigen Sachinhalte dargestellt und durch konkrete, für den Alltag erprobte Materialien, Leitfäden und Checklisten abgerundet.

Wir richten uns mit diesem Buch an diejenigen, die sich in ihrem Unternehmen oder ihrer Organisation mit Veränderungen und Innovationen beschäftigen und daran interessiert sind, einen Leitfaden zu bekommen, der sie Schritt für Schritt durch das unwegsame Gelände eines Innovationsprozesses führt und die Trittsicherheit auf dem Weg erhöht. Wir denken dabei nicht nur an Forschungs- und Entwicklungsabteilungen, sondern auch an diejenigen, die Innovationskompetenzen gestalten und entwickeln möchten.

Viel Spaß beim Lesen und viel Erfolg bei Ihren Innovationsvorhaben wünschen Ihnen

Dr. Michael Wannke, Professor Ursula Liebsch und Manfred Storm

2   Positionieren & Definieren

Manfred Storm

„Feuer auf dem Olymp!", „Feuer!" Laut mischten sich aufgeregte Stimmen in Demeters Träume und rissen sie aus dem Bett. Vom Fenster aus blickte sie voller Entsetzen in ein Flammenmeer, das sich östlich auf den Ambrosiabergen des Olymps auflodernd und Funken sprühend vom dunklen Nachthimmel abhob. Zitternd vor Erregung warf sie sich einen Mantel über und stürzte nach draußen, wo sich bereits einige ihrer Götterkollegen eingefunden hatten. Alle waren in Eile aus den Betten gesprungen und bildeten nun eine aufgeregt durcheinanderlaufende und schreiende Gruppe, die - wäre der Anlass nicht so bedrohlich gewesen – ein ihrer improvisierten Bekleidung wegen belustigendes Bild abgegeben hätte.

Dann verschaffte sich die donnernde Stimme des Zeus Gehör: „Ruhe hier! Was wir als Erstes brauchen, ist mein Bruder und Wassergott Poseidon mit seinen Fluten, um das Feuer zu löschen. Wo ist Hermes?" Der Götterbote kam gerade aus dem Haus und rieb sich noch den Schlaf aus den Augen. „Schnell, zieh die geflügelten Sandalen an und bring uns Poseidon mit all seinen Gesellen herauf!" Er teilte auch die anderen ein: eine Gruppe an der Feuerfront, um mit dem vorhandenen Wasser, Sand und Erde das Feuer einzudämmen, eine andere zum Gräbenstechen, um das Feuer in seiner zerstörerischen Kraft daran zu hindern, auf die Gebäude überzuspringen, und eine dritte Gruppe, um alle noch vermissten Götter und Tiere in Sicherheit zu bringen.

Langsam ordnete sich das Chaos, und jeder ging seiner ihm zugeteilten Aufgabe nach.

Das Feuer mit den wenigen Mitteln, die ihnen zur Verfügung standen, zu zähmen, war ein aussichtsloses Unterfangen, es breitete sich in Windeseile weiter aus und hatte bereits weite Teile des Ambrosiabergs und den angrenzenden Hain ergriffen. Zündelnd drohte es, sich den Produktionsstätten und Lagerhäusern zu nähern. Erst als mit einem mächtigen Rauschen Poseidon mit seinem Gefolge herannahte und mit seinem Feuerwehreinsatz der Gier der Flammen Einhalt gebot, verbesserte sich die Lage.

Beim ersten Morgengrauen bot sich ein Bild des Schreckens: Dort, wo am Tag zuvor noch die weitläufigen Ambrosiaberge mit den Ambrosiareben und der heilige, dichtbelaubte Hain mit seinen lauschigen Tempeln die Augen ergötzt hatten, waren in weiten Teilen nur noch Rauch und Asche und Reste von schwelendem Feuer zu sehen. Ein schrecklicher Geruch von Verbranntem verbreitete sich. Auch ein Teil des Lagerhauses war vernichtet.

Demeter, die große Erdgöttin, die Schützerin der Fruchtbarkeit und Göttin der Eleusischen Mysterien, war verzweifelt. Sie ließ ihren Kopf in die Hände fallen, um dieses Desaster nicht länger mit ansehen zu müssen.

Sie war im Familienunternehmen der **Olymp GmbH & Co. KG** für den Anbau der Reben für den Göttertrank zuständig, der den Göttern ewige Jugend verleihen sollte. Auch auf der Erde wurde er nicht nur als euphorisierendes und aphrodisierendes Getränk, sondern auch als Salbe oder duftender Balsam vor allem für die Schönheits- und Wellnessindustrie verkauft und begründete und sicherte somit bislang den Wohlstand der olympischen Firma.

Was sollte nur werden? Sie hob ihren Kopf und starrte in die Verwüstung.

Dann geschah etwas sehr Seltsames: aus der Asche scharrte sich ein großer Vogel, eine Art Reiher, und erhob sich in die Lüfte. Sein gold- und rotfarbenes Gefieder glänzte im Morgenlicht und zeigte keine Spuren von Verbrennung. Instinktiv wusste sie, dass das nur Phönix sein konnte, das Fabelwesen, von dem sie schon so viele Geschichten gehört hatte.

Was sollte das bedeuten?

Ihre Gedanken wurden plötzlich unterbrochen von Zeussens Aufforderung, sich zur Lagebesprechung zu versammeln. Und wenn **Zeus,** der oberste Herrscher aller Götter, ihr Bruder und Familienhierarch rief, musste man Folge leisten.

Eine Abordnung war noch mit den letzten Löscharbeiten beschäftigt, die anderen trafen sich in der großen Halle. Allen sah man die Übernächtigung und Verzweiflung an.

„Als Erstes möchte ich euch allen und ganz besonders Poseidon für den fantastischen Einsatz danken. Feuer auf dem Olymp, das hat es, solange ich mich erinnern kann, noch nie gegeben, und ich hoffe, es wird es auch nie wieder geben. Es ist sicher noch zu früh, um über die Brandursache und das Ausmaß des Schadens zu sprechen, aber ich möchte euch versichern, dass wir alle Anstrengungen daransetzen, alles wieder aufzubauen und wie gewohnt weiterzumachen.

Wir werden sofort mit den Aufräumarbeiten beginnen und im nächsten Frühjahr mit dem neuen Anpflanzen. In ein paar Jahren wird alles wieder so sein wie früher.

Geht am besten erst einmal den versäumten Schlaf nachholen, und dann sehen wir weiter."

Aber Demeter fand keinen Schlaf. Sie dachte darüber nach, dass ihr schon seit einiger Zeit aufgefallen war, dass die Pflanzen auf der Plantage nicht mehr so gesund aussahen und sich auch die Blätterkronen des wunderbaren Hains lichteten. War es nicht seit einigen Monaten deutlich wärmer als früher? Und hatte Helios nicht die letzten Wochen auch seinen Sonnenwagen besonders schnell und funkensprühend über den Himmel gelenkt und entsprechend hitzige Strahlen geschickt? Könnte die Ursache des Feuers hier liegen?

Beim nächsten Treffen trug sie ihre Bedenken vor, die aber von Zeus ohne Diskussion abgeschmettert wurden. „Das Feuer kann sich nicht selbst entzündet haben, es muss Brandstiftung im Spiel gewesen sein. Wir werden in Zukunft den Olymp bewachen lassen."

Diskutiert wurde überwiegend die Frage, wer wohl der Übeltäter gewesen sein könnte und wie dieser zu bestrafen wäre, wenn er denn gefunden würde. Aber Demeter war viel zu sehr mit ihren eigenen Gedanken beschäftigt, um sich auf die Unterhaltung konzentrieren zu können.

Das nächste Jahr waren alle mit den Aufräumarbeiten und dem Wiederaufbau des Lagerhauses beschäftigt. So ging alles mehr oder weniger wieder seinen gewohnten Gang.

Glücklicherweise hatten die Produktionsstätten den Brand schadlos überstanden, und auch die Lagerbestände waren größtenteils erhalten geblieben. Der Markt hatte sogar eine erhebliche Preissteigerung verkraftet, sodass die Erlöse kräftig gestiegen waren.

Einen Brandstifter hatte man bis jetzt noch nicht ausmachen können. Dafür kochte die Gerüchteküche umso mehr.

Demeter hatte damit begonnen, von den Altpflanzen, die das Feuer überstanden hatten, Ableger zu schneiden und Teile der Plantage neu zu be-
pflanzen. Ihr ganzes Augenmerk galt dieser Ambrosia-Kinderstube. Sie
hegte und pflegte sie und musste doch feststellen, dass das Ergebnis ihrer
ganzen Bemühungen mehr als dürftig war.

Die Pflanzen neigten dazu, zu vertrocknen, noch bevor sie die Blüte erreicht hatten. Irgendetwas stimmte nicht.

An **Zeus** konnte und wollte sie sich nicht wenden, da sie ihn vor ein paar
Monaten gebeten hatte, etwas gegen die Dürre zu tun und Regen zu sen-
den. Nur dass er dann nach einem üppigen Trinkgelage übertrieben hatte
und es wieder einmal nicht lassen konnte, zu zeigen, was für ein potenter
Wettergott er war und wie trefflich er mit Donnerkeil und Hagel spielen
konnte. Wütend würde er werden und ihr die Schuld geben. An wen nur
konnte sie sich wenden?

Da fiel ihr **Athene** ein, die blauäugige, kopfgeborene Tochter des Zeus,
Göttin der Weisheit und eine der einflussreichen zwölf in der Firma. Sie
verkörperte Intelligenz und Strategie, und wenn jemand Rat wusste, dann
die kämpferische Athene. Die beiden Frauen trafen sich und Demeter
schüttete Athene ihr Herz aus.

Sie beschrieb ihr ihre Sicht der Dinge, dass sie nicht so sehr an Brandstiftung glaubte, sondern vielmehr die Ursache der Katastrophe in einer sich
langsam abzeichnenden Veränderung der Wachstumsbedingungen sah.
„Weil die Entwicklung so unmerklich vor sich gegangen war, haben wir
die Dramatik wohl übersehen", erklärte sie.

„Was soll ich nur tun?", fragte sie unter Schluchzen.

2.1   Verständnis und Selbstverständnis von Innovation

Kaum jemand, der in einem Unternehmen arbeitet und sich mit dessen Zukunft
beschäftigt, verbringt einen Tag, ohne mit Innovation in Kontakt zu kommen. Sei
es, dass der Begriff erwähnt wird, ohne ein konkretes Projekt zu meinen, oder sei
es in einer Besprechung, einem Workshop, bei dem das Thema im Mittelpunkt
steht.

Bevor von einer Methodik zum erfolgreichen Management von Innovationsvorhaben konkret die Rede sein wird, lohnt es sich aus unserer Sicht, genauer darauf zu schauen, was es mit dem Begriff eigentlich auf sich hat, und was hinter dem leicht ausgesprochenen Anspruch, innovativ zu sein, steckt.

Bei einem Blick auf die Vielzahl der in der Literatur und im Alltag kursierenden Definitionen wird deutlich, dass es zwar noch große Übereinstimmung gibt, woher der Begriff Innovation stammt. Schwieriger wird es, wenn es darum geht zu bestimmen, wodurch sich Innovationen auszeichnen, ganz zu schweigen von der Frage, ab wann man überhaupt von einer Innovation beispielsweise im Vergleich zu einer Verbesserung sprechen kann und was dagegen den Namen Innovation nicht verdient.

Zur ersten Annäherung an den Begriff Innovation möchten wir ein paar Zitate aufführen, die erkennen lassen, worum es beim Thema Innovation geht, oder die die Bedeutung von Innovation für die Zukunft erkennen lassen.

> *„Forschung ist die Umwandlung von Geld in Wissen, Innovation ist die Umwandlung von Wissen in Geld"*
> (Dr. Alfred Oberholz, ehemals Vorsitzender des Verbandes der chemischen Industrie)

> *„Spitzenunternehmen sind ständig innovierende Unternehmen. Dass sie das sind, liegt an ihrer organisatorischen Beschaffenheit."*
> (Robert Waterman, Unternehmensberater)

> *„Innovationsstärke wird mehr als früher zum Schlüssel einer höheren Wettbewerbsfähigkeit. Die Hälfte aller Produkte, die wir in fünf Jahren verkaufen wollen, müssen wir erst entwickeln."*
> (Karl Heinz Beckurts, ehemals Wissenschaftler und Vorstandsmitglied der Siemens AG)

> *„Sir Edmund Hillary war nicht innovativ, weil er die Idee hatte, den Mount Everest zu besteigen, sondern weil er es als Erster realisierte."*
> (Quelle unbekannt)

> *„Der Erfolg am Markt ist die eigentliche Innovationsleistung. Die reine Erfindung verdient den Namen Innovation dagegen noch nicht."*
> (Professor Dr. h.c. Lothar Späth, ehemals Ministerpräsident von Baden-Württemberg und Vorstand der Jenoptik AG)

Die folgende Definition ist nur eine aus der enormen Vielzahl von Definitionen zum Thema Innovation. Aus unserer Sicht ist diese aber recht gut dazu geeignet, die wesentlichen Merkmale von Innovationen zu erkennen.

Definition Innovation

„Innovation leitet sich aus dem lateinischen *innovatio* her und bedeutet *Neuerung* oder *Erneuerung*. Der Begriff bezieht sich meist auf technische Neuerungen von Produkten und Dienstleistungen, kann aber auch organisatorische und andere Erneuerungen meinen.

Als positiv besetzter, sich eng mit *neu* verbindender Begriff, wird Innovation entsprechend *inflationär* verwendet. Von einer Innovation im ökonomischen Sinn spricht man erst dann, wenn neu Geschaffenes Akzeptanz findet und sich umsetzen, verwenden und absetzen lässt." [1]

Über die Aspekte der Neuerung beziehungsweise Erneuerung hinaus, die in fast allen Definitionen von Innovation enthalten sind, enthält diese Definition zwei Aspekte von besonderer Bedeutung im Zusammenhang mit dem Begriff Innovation:

Die Vielschichtigkeit von Innovation, die weit mehr umfasst als rein technische Erneuerungen, und die ökonomische Dimension der Innovation, mit dem Anspruch, dass das neu Geschaffene akzeptiert **und** erfolgreich verwertet wird.

2.1.1   Vielschichtigkeit von Innovation

Wie in der folgenden **Tabelle 2.1** dargestellt, kann Innovation in unterschiedlichsten Bereichen stattfinden und aus unterschiedlichen Blickwinkeln heraus charakterisiert werden.

Besonders häufig werden dabei Innovationen im Hinblick auf ihren Neuheitsgrad und ihre Tragweite für das Unternehmen unterschieden [3]:

Unter **inkrementalen Innovationen** werden die Innovationen verstanden, „die sowohl die Zwecke als auch die Mittel unverändert lassen" [4]. Sie können auch als evolutionäre Innovationen bezeichnet werden.

Radikalinnovationen oder **disruptive Innovationen** dagegen weisen auf einen hohen Innovationsgrad hin und stellen eine Revolution des Bisherigen dar.

Zum Beispiel stellte der erste Computer eine Radikalinnovation dar, die Weiterentwicklung des Pentium Prozessors III zum Pentium IV dagegen eine inkrementale Innovation. Während bei inkrementalen Innovationen Chancen und Risiken vergleichsweise gering sind, steigen bei Radikalinnovationen sowohl die Chancen als auch die Risiken beträchtlich.

Tabelle 2.1 Einteilung von Innovationen

Merkmale	Kernfrage	Innovationstyp
Gegenstand der Innovation	Worauf bezieht sich Innovation?	– Produkt- bzw. Dienstleistungsinnovation – Strukturinnovation – Prozessinnovation – Marketinginnovation – Sozialinnovation
Auslöser der Innovation	Woher kommt der Impuls für die Innovation?	– Nachfrage (Pull-)Innovation – Angebot (Push-)Innovation
Neuheitsgrad	Wie neu ist die Innovation grundsätzlich?	– Scheininnovation – Basisinnovation – Erhaltungsinnovation – Erweiterungsinnovation – Inkrementalinnovation – Radikal- oder disruptive Innovation
Tragweite für das eigene Unternehmen	Welche Auswirkungen hat die Innovation auf das eigene Unternehmen?	– Radikalinnovation – Anpassungsinnovation

(Quelle: [3])

Gemäß unserer vorherigen Definition werden Ideen jedoch immer erst dann zu Innovationen, wenn folgende fünf Aspekte zutreffen:

1. Die Idee ist neu im Sinne einer erstmaligen Einführung in ein System,

2. die Idee führt zu einer qualitativen Verbesserung zum zeitlich vorangegangenen Vergleichszustand,

3. die Idee stiftet einen ökonomischen Nutzen oder kann ökonomisch nutzbar gemacht werden,

4. das Neue wird tatsächlich erfolgreich in der Praxis angewendet und

5. wird von den Anwendungszielgruppen akzeptiert beziehungsweise durchdringt erfolgreich die angestrebten Zielmärkte.

2.2   Selbstverständnis von Innovation – Das Drei-Ebenen-Modell der Unternehmenskultur

Im vorangegangenen Abschnitt wurde der Begriff Innovation unter verschiedenen, allgemeingültigen Aspekten dargestellt – Begrifflichkeiten und Definitionen für eine gemeinsame Sprache zum Thema Innovation. So wichtig eine gemeinsame Sprache und ein gemeinsames Verständnis für Begrifflichkeiten sind, trotzdem wird in jedem Unternehmen Innovation anders ge- und erlebt. Wie dies geschieht, ist abhängig von der im Unternehmen herrschenden Unternehmenskultur.

Doch was macht eine Unternehmenskultur aus?

„System gemeinsam getragener und gelebter Wertvorstellungen, Überzeugungen, Annahmen, Phantasien und Normen"
(Rüttinger, 1986 [5])

„Art und Weise, wie in einem Unternehmen mit Ideen und Wertvorstellungen, Sachen, Geld und Menschen umgegangen wird"
(Grimm, 1986 [6])

„Unter dem Begriff Unternehmenskultur verstehen wir die Gesamtheit von Wertevorstellungen, Denkhaltungen und Normen, die das Verhalten der Mitarbeiter aller Stufen und somit das Erscheinungsbild eines Unternehmens prägen."
(Pümping, Kobi und Wüthrich, 1985 [7])

Zur genaueren Betrachtung, mit welchem Selbstverständnis in einem Unternehmen Innovationen ge- und erlebt werden, ist das in **Abbildung 2.1** dargestellte **Drei-Ebenen-Modell** zur Unternehmenskultur gut geeignet [8]. Dazu werden die drei aufeinander aufbauenden Ebenen einer Unternehmenskultur jeweils im Zusammenhang mit dem Begriff Innovation betrachtet.

Überträgt man die Ebenen einer allgemeinen Unternehmenskultur auf das konkrete Thema Innovation in einem Unternehmen, so lassen sich daraus Rückschlüsse auf die Innovationskultur eines Unternehmens ziehen, und damit lässt sich auch das Selbstverständnis eines Unternehmens in Sachen Innovation erkennen.

Entsprechend dem Modell, in dem die Ebenen von unten nach oben aufeinander aufbauen, sind die vorherrschenden Grundannahmen, Denkmuster und grundsätzlichen Einstellungen zum Thema Innovation in einem Unternehmen latent daran erkennbar, welche Floskeln, Slogans, Sprüche oder Zitate im Zusammenhang mit Innovation gebraucht werden.

Abbildung 2.1   Drei-Ebenen-Modell der Unternehmenskultur

(Quelle: [8])

Beispiele für solche Slogans sind oftmals:

„Vorwärts! Warum vorwärts? Weil vorne mehr Platz ist!"

„Dumme Menschen und kluge Menschen machen gleich viele Fehler, die klugen Menschen machen immer neue."

„Man darf nicht nur keine Ideen haben, man muss auch unfähig sein, sie zu Geld zu machen."

Diese Leitsprüche wurden von Teilnehmern aus Unternehmen in einem unserer Workshops zum Thema Innovationskulturen entwickelt. Diese Beispiele sind nur ein Auszug dessen, was es an Zitaten und Sprüchen zum Thema Innovation gibt.

Am besten ist es jedoch, einen eigenen, unternehmensweit etablierten Leitspruch zu entwickeln, der als Leitspruch des Unternehmens eine positive, motivierende und inspirierende Einstellung zum Thema Innovation zeigt.

Im übertragenen Sinn lässt sich die Ebene der Regeln, Normen und Richtlinien der Unternehmenskultur dadurch auf die Innovationskultur und das Selbstverständnis von Innovation projizieren, indem man genauer betrachtet, wie Werte, Abläufe, Prozesse oder Strukturen im Zusammenhang mit Innovationsaktivitäten gestaltet werden.

Auf der obersten Ebene einer Unternehmenskultur wird das tatsächliche, praktische Verhalten, die alltägliche Umsetzung der darunterliegenden Ebenen sichtbar – in mehr oder weniger großer Übereinstimmung mit den anderen Ebenen. Bezogen auf die Innovationskultur eines Unternehmens ist das die Frage nach der Konsequenz, mit der Werte gelebt, Abläufe und Prozesse eingehalten werden und wie gut die entsprechenden Strukturen die Abläufe und Prozesse bei Innovationen unterstützen.

Aus diesem Drei-Ebenen-Modell der Unternehmenskultur lässt sich eine **Kultur des Wandels** ableiten. Damit ist gemeint, wie diese Ebenen in einem Unternehmen konkret in Bezug auf Veränderungsprozesse aussehen. Fragen dazu sind:

- Welche grundsätzlichen Einstellungen bezüglich Veränderungsprozessen liegen vor?

- Welche Vereinbarungen und Regeln haben im Verlauf von Veränderungen bisher gegolten?

- Wie sind Veränderungsprozesse bisher praktisch gestaltet worden?

Die Antworten auf diese Fragen ergeben ein Bild der **aktuell vorherrschenden Unternehmenskultur des Wandels.**

Wenn es darum geht, eine Unternehmenskultur zu entwickeln, die stärker auf Veränderungsprozesse und Wandlungsfähigkeit ausgerichtet ist, müssen die Antworten auf diese Fragen so ausfallen, dass sie diesem neuen Anspruch gerecht werden.

Diesem neuen Anspruch gerecht zu werden, setzt umgekehrt ein Bewusstsein darüber voraus, **wie Veränderungsprozesse typischerweise verlaufen**, wie die Betroffenen darauf reagieren und welche Möglichkeiten Führungskräfte haben, damit umzugehen.

2.3   Innovation als Prozess

Ähnlich wie bei den Definitionen zum Thema Innovation verhält es sich mit der Vielzahl an Darstellungen von Innovationsprozessen. Die Palette reicht dabei vom einfachen **Drei-Phasen-Modell** über Stage-Gate-Modelle mit harten Entscheidungszahlen auf Basis von Business-Plänen bis hin zu Prozessen mit zehn und mehr Phasen. Einfache Modelle sehen dagegen drei Phasen vor, zum Beispiel:

1. strategische Ausgangssituation klären und Entscheidungen treffen

2. Planen und

3. Realisieren

Das **Stage-Gate-Modell** (oder auch Stage-Gate-Prozess) ist eigentlich mehr eine Projektmanagementtechnik für Innovationsprojekte. Hierbei wird die Innovationsinitiative in verschiedene Phasen eingeteilt, die durch die durch sogenannte Gates (Tore) voneinander abgegrenzt sind. Bevor in die nächste Phase gewechselt werden kann, muss ein Manager oder Komitee aufgrund der verfügbaren Informationen grünes Licht geben. Dieses Modell wird auch als **phasenspezifisches Engagement** bezeichnet.

Für die Praxis erscheint es uns besonders wichtig, einen konkreten, aber offenen Innovationsprozess zu gestalten, der in die vorhandenen Geschäftsprozesse integriert werden kann, insbesondere in diejenigen, die für die Abwicklung von Projekten vorgesehen sind.

Als besonders praktikabel, insbesondere für kleinere und mittlere Unternehmen, erscheint uns dabei die in **Abbildung 2.2** dargestellte Herangehensweise. In Klammern haben wir dazu jeweils eine Auswahl möglicher Ansätze und Methoden aufgeführt, die in dem jeweiligen Prozessschritt eingesetzt werden können. Im weiteren Verlauf dieses Buches werden wir diesen Ansätzen und Methoden wieder begegnen und sie etwas detaillierter erläutern.

Abbildung 2.2   Überblick über einen KMU-orientierten Innovationsprozess

Handlungsrichtung und -bedarf erkennen	•Woran können, sollten, müssen wir arbeiten? (Leitbild, Haus der Innovation, Innovationscheckliste, SWOT)
Bewertung der Ansätze, Entscheidungen für konkrete Projekte	•Was davon wird konkret angepackt, warum genau das, auf welche Weise? (Leitbildkonformität, Kreativitätstechniken, Osborn-Checkliste, Net Present Value)
Rahmenbedingungen für Durchführung schaffen	•Wie können Betroffene und Beteiligte motivierend einbezogen werden? (BIZEPS, vorbeugende Einwandbehandlung, was bleibt gleich?)
Praktische Durchführung planen	•Welche Tätigkeiten, Reihenfolgen, Phasen, Meilensteine? (Strukturplan, Phasen-/Meilensteinplan, Risikoanalyse, AAP)
Lessons learned	•Tops/Flops? Was kann daraus für ein nächstes Vorhaben gelernt werden? (Projektabschluss-Gespräch, Zusammenarbeit und Führung, "Frieden schließen")
Verstetigung sicherstellen	•Wie kann die Kontinuität des Vorgehens gesichert werden? (Innovationslandkarte, gegenseitige Information und Coaching, Innovationskultur weiterentwickeln)

2.4   Innovation im Kontext des Unternehmensleitbilds

Folgt man den zuvor genannten Definitionen, kann es keine Innovation ohne wirtschaftlichen Erfolg geben. Daher kommt man kaum umhin, das gesamte Thema Innovation dahingehend zu betrachten, wie sich Unternehmen insgesamt positionieren und darstellen.

Darstellung und Positionierung eines Unternehmens erfolgen in der Regel über sein **Unternehmensleitbild**.

Üblicherweise setzt sich ein solches Unternehmensleitbild aus den Elementen Vision, Mission, Strategie und Werte zusammen (siehe **Abbildung 2.3**).

Wie beim Thema Innovation und Innovationskultur geht es uns im Zusammenhang mit dem Unternehmensleitbild darum herauszuarbeiten, wie das Thema Innovation verankert und kommuniziert werden kann.

Abbildung 2.3   Die drei Komponenten eines Unternehmensleitbildes

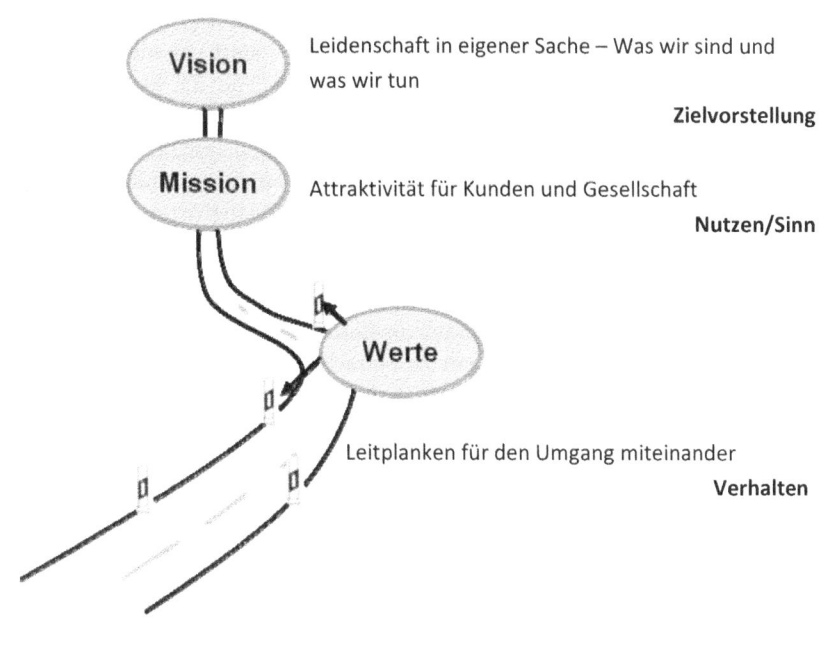

(Quelle: [10])

Wenn Unternehmen der Überzeugung (= Grundannahme Kultur) sind, dass die eigene Innovationsfähigkeit von hoher Bedeutung für die beabsichtigte, zukünftige Entwicklung (= Leitbild) ist, dann sollte sich dies auch entsprechend deutlich im Leitbild widerspiegeln und auch gegenüber Partnern des Unternehmens kommuniziert werden.

Bezogen auf die **Vision** im Unternehmensleitbild kommt es darauf an zu erkennen, welche Rolle und welchen Stellenwert die Innovationskraft des Unternehmens hat, wenn es darum geht, die langfristige Vision zu verfolgen.

In Hinblick auf die Positionierung und Darstellung der **Mission**, des Nutzens des Unternehmens für seine Partner, geht es darum herauszustellen, wie die Partner konkret von den Leistungen des Unternehmens profitieren können und was die Alleinstellungsmerkmale gegenüber dem Wettbewerb sind.

Dabei spielt insbesondere das Thema Innovationskraft eine wichtige Rolle.

Für die **strategische Ausrichtung** des Unternehmens sind vor allem zwei Gesichtspunkte von besonderer Bedeutung: Zum einen sind die grundsätzlichen Felder und Richtungen festzulegen, auf die sich das Unternehmen hauptsächlich konzentriert. Dabei ist es unerlässlich, bei den speziellen Inhalten innovativ zu sein. Zum anderen geht es darum, strategische Entscheidungen dahingehend zu treffen, wie die Innovationsfähigkeit grundsätzlich und langfristig gesichert werden soll.

Last but not least sind auch die im Unternehmensleitbild beschriebenen **Werte** unter den Gesichtspunkten eines innovationsförderlichen Zusammenwirkens der Partner des Unternehmens insgesamt zu betrachten. Die meisten Unternehmen haben dabei mehrere Partner, mit denen sich eine durchaus – zumindest in Nuancen – unterschiedliche Zusammenarbeit ergibt (siehe **Abbildung 2.4**).

Abbildung 2.4   Typische Partner von Unternehmen (Stakeholder-Modell)

(Quelle: [11])

Bei der Formulierung der Vorstellungen darüber, wie diese Zusammenarbeit, der Umgang miteinander aussehen sollte, lohnt es sich, statt meist relativ allgemeiner Formulierung (zum Beispiel: Fairness, Loyalität, Partnerschaftlichkeit), konkret zum Ausdruck zu bringen, wie sich das Unternehmen gegenüber den verschiedenen Gruppen von Partnern verhalten will.

Broschüren von Unternehmen, Fachliteratur oder das Internet liefern viele, mehr oder weniger gut ausgearbeitete Beispiele. Diese sollten nicht als „Kopiervorlage" verwendet werden, können aber gute Anregungen für das eigene Leitbild liefern.

2.5   Innovationshürden in der Praxis

Wir würden wohl kaum über Methoden zur erfolgreichen Umsetzung von Innovationsvorhaben sprechen, wenn solche Vorhaben in der Praxis immer erfolgreich umgesetzt würden. Das Gegenteil ist eher der Fall.

Wertet man verschiedene Studien aus, die das Scheitern von Innovationsvorhaben ergründen, zeigen sich einige typische Ursachen, die mit einer signifikanten Häufigkeit genannt werden. Über diese einzelnen Aspekte hinaus kristallisieren sich drei Kernaussagen, die durchaus bemerkenswert sind.

1. Quoten des Scheiterns: Über alle Typen von Innovationsvorhaben betrachtet, scheitern 60 bis 90 Prozent aller Vorhaben [12].

2. Zeitpunkt des Scheiterns: Zu 80 Prozent liegen die Ursachen des Scheiterns von Innovationsvorhaben in deren Startphase, auch wenn das Scheitern erst im weiteren Verlauf sichtbar wird.

3. Typologie des Scheiterns: Dem Pareto-Prinzip, auch 80-20-Regel genannt, entsprechend, haben die Ursachen des Scheiterns in den einzelnen Unternehmen stetig wiederkehrende Muster. Das heißt, es werden immer wieder die gleichen methodischen Fehler gemacht.

Dass dem tatsächlich häufig so ist, wird durch eine Analyse der „Chronik des Scheiterns" einzelner Unternehmen bestätigt. Dabei wird besonders deutlich, dass Führung und Kommunikation bedeutende Einflussfaktoren für den Erfolg von Veränderungsprojekten darstellen.

Zudem wird, wie aus **Abbildung 2.5** zu ersehen ist, deutlich, dass in vielen Unternehmen (leider oder zum Glück?) klar ist, wo die Probleme beim Innovieren liegen, es aber oftmals daran mangelt, dass diese Probleme nicht hinreichend konsequent beseitigt beziehungsweise im Vorfeld bereits gezielt vermieden werden.

Abbildung 2.5 Häufige Gründe für das Scheitern von Veränderungsprojekten

(Quelle: [13])

2.6   Leitfragen zur Reflexion der Situation im eigenen Arbeitsumfeld

Gibt es in Ihrem Unternehmen so etwas wie ein Motto oder einen Leitspruch, der zum Ausdruck bringt, wie in Ihrem Unternehmen das Thema „Innovation" gesehen wird? – Wenn ja, wie heißt es und vom wem wurde es geprägt?

In welchen Unternehmensbereichen außerhalb Technologien und Produkten haben Sie in den letzten Jahren in Ihrem Unternehmen innovative Vorhaben realisiert?

Was waren die Aufgabenstellungen? Welchem Typen von Innovation lassen sich diese Vorhaben zuordnen?

Welche konkreten Anforderungen und Merkmale müssen Vorhaben erfüllen, um in Ihrem Unternehmen als „innovativ" bezeichnet zu werden? Was verstehen Sie im eigenen Unternehmen unter dem Begriff Innovation?

Welche Hindernisse bei der Umsetzung und Ursachen für das Scheitern von Innovationsvorhaben in Ihrem Unternehmen kennen oder vermuten Sie?

Wie sieht der aktuelle gelebte Innovationsprozess in Ihrem Unternehmen aus?

Gibt es dafür eine konkrete Beschreibung? Wie konsequent wird danach gearbeitet?

In welchen Phasen im Innovationsprozess in Ihrem Unternehmen läuft die Umsetzung von Innovationsvorhaben gut? In welchen Phasen könnte es besser laufen?

Was konkret läuft in diesem Zusammenhang gut beziehungsweise nicht so gut?

3   Analysieren & Entscheiden

Michael Wannke

„Um Dich beraten zu können, muss ich erst einmal das Problem richtig verstehen", entgegnete Athene, „das vordergründige Problem ist also das Feuer.

Aber warum hat sich das Feuer entzündet? Weil die vorherige Dürre die Pflanzen schon geschädigt und das Feuer dadurch ein leichtes Spiel hatte?

Aber warum gab es diese Dürre? Weil die Temperaturen auf dem Olymp seit Jahren langsam, aber kontinuierlich angestiegen sind?

Und warum sind die Temperaturen angestiegen? Weil die Ozonschicht in dieser Zeit immer dünner geworden ist?

Und warum ist die Ozonschicht immer dünner geworden?"

„Irgendwie könnte dies mit den Aktivitäten der Erdbewohner zu tun haben, Genaueres weiß ich auch nicht!" Beide Frauen blickten sich ratlos an.

„Ich sehe schon, wir beide kommen da nicht weiter, wir brauchen jemanden, der uns die nötigen Informationen besorgt.

Das wäre doch eine spannende Aufgabe für meinen Cousin und deinen Neffen, den schlauen Götterboten **Hermes,** der sich gut auf der Erde auskennt und viele Kontakte hat. Wir müssen ihm nur einschärfen, dass er die Gelegenheit nicht wieder für Liebesabenteuer mit den Sterblichen nutzt, sondern so schnell wie möglich auf seinen geflügelten Sandalen zu uns zurückkehrt", sagte Athene.

Hermes, der immer hilfsbereit war und schlecht nein sagen konnte, war einverstanden und ließ sich die Aufgabe erklären.

Nachdem er eine Liste mit den relevanten Ansprechpartnern erstellt und seine geflügelten Schuhe angezogen hatte, packte er noch schnell seine Leier ein, da er auf diese Weise sogar Apollon als Freund gewonnen hatte.

Er hatte Glück, denn alle wichtigen Personen aus Forschung, Wirtschaft und Politik, die mit Klimaveränderungen zu tun hatten, trafen sich gerade in einer Hauptstadt auf der südlichen Erdhalbkugel. Konferenzen waren sowieso der ideale Ort, um wichtige Leute anzusprechen, denn erstens hatten diese Zeit, und zweitens langweilten sich die meisten sowieso.

Während draußen vor den Türen des Kongresszentrums verkleidete Aktivisten als apokalyptische Reiter herumspukten, setzte sich Hermes mitten ins Foyer des Konferenzgebäudes, nahm seine Leier und spielte so meisterlich darauf, dass immer mehr Menschen begeistert zuhörten. Nach seinem Spiel war es für ihn ein Leichtes, mit ihnen ins Gespräch zu kommen und alle Informationen zu sammeln. Er wartete nur noch das Konferenzergebnis ab, bevor er sich wieder auf den Rückflug machte.

Demeter und Athene fielen ihm um den Hals, als der hübsche Bengel mit seinem verschmitzten Lächeln bei ihnen auftauchte.

„Freut euch nicht zu früh, ich bringe keine guten Nachrichten. Die Klimaentwicklung auf der Erde wird von der Mehrzahl der Wissenschaftler als dramatisch angesehen. Sie sprechen von einem sogenannten Treibhauseffekt, der zu einer Erderwärmung führt. Diese soll überwiegend in den armen Ländern Ernteausfälle, Überschwemmungen oder Dürren zur Folge haben. Die reichen Industrieländer, die die Macht und das Geld haben, aber weder Hunger noch Not kennen und nur am Rande betroffen sind, sind nicht bereit, die entscheidenden Schritte zur Rettung zu tun."

„Na gut, aber das sind doch Szenarien für die Menschen, was hat denn das mit uns zu tun?", fragte Demeter, als Hermes mit seinen Ausführungen fertig war.

„Das Üble daran ist, dass der Treibhauseffekt, der die Erderwärmung verursacht, sich vor allem in der Atmosphäre auswirkt, das heißt in der Region, in der wir leben. Das Feuer und die Dürre sind nur die ersten Anzeichen einer viel schlimmeren Entwicklung. Bei uns wird es viel heißer werden als auf der Erde, und unser Olymp wird nicht mehr bewohnbar sein."

„Entschuldige mal, was du da redest, kann doch nicht wahr sein", erwiderte Athene empört.

„Ich möchte mich nicht mit euch streiten, ich habe umfangreiches Material mitgebracht, und ich denke es ist gut, wenn ihr euch die nächsten Tage erst einmal mit den Problemen beschäftigt und wir dann entscheiden, was als Nächstes zu tun ist."

Blass und übernächtigt kamen Demeter und Athene zum nächsten geheimen Treffen mit Hermes.

„Wenn wir davon ausgehen, das alles stimmt, was in den Unterlagen zu lesen ist, dann stehen wir wirklich vor einer Katastrophe", begann Athene, die sich ihre Erschütterung nicht anmerken lassen wollte, „Ich denke, wir müssen so bald wie möglich eine Sitzung der Geschäftsführung einberufen. Ich schlage vor, dass Hermes vorab mit Zeus redet und ihn von der Dringlichkeit dieser Frage überzeugt, denn auf ihn wird er eher hören als auf uns."

Hermes war nicht gerade glücklich über die ihm zufallende Aufgabe, denn er wusste, wie schwierig es sein würde, Zeus das Problem nahezubringen. Sie trafen sich zum Sonnenuntergang in einer Laube, die das Feuer unbeschadet überstanden hatte, auf ein frisches Glas Ambrosia Nouvelle Primeure, das Zeus zu dieser Tageszeit besonders schätzte.

„Ich war wieder einmal unterwegs", begann Hermes das Gespräch und Zeus horchte interessiert auf: „Ein neues Liebesabenteuer, mein Lieber? Erzähle mir davon ..."

„Chef und oberster Herrscher aller griechischen Götter, nein, momentan habe ich andere Sorgen. Ich habe auf Erden viele Veränderungen gesehen. In Gegenden, wo noch vor einiger Zeit blühende Landschaften die Augen ergötzten, ist heute nichts als staubige Wüste zu sehen, und die Menschen in diesen Gegenden darben, ihre Kinder hungern und viele sterben. In anderen Teilen der Erde wüten Wirbelstürme, Feuersbrünste und Überschwemmungen und verwüsten ganze Landstriche."

„Hermes, so kenne ich dich gar nicht, komm, überlasse die Sorgen den Sterblichen und trinke noch ein Glas!"

„Aber ich mache mir nicht nur Sorgen um die Menschen, sondern auch um uns und unsere Existenz auf dem Olymp, denn die Menschen verbrennen mehr, als ihr Planet aushält, und heizen damit aber auch die Temperaturen bei uns auf."

„Wäre es nach mir gegangen, dann gäbe es keine Menschheit. Prometheus, der Titan, hat sie gegen meinen Willen erschaffen, und Athene hat ihnen den Atem eingehaucht. Jetzt siehst du, was die beiden damit angerichtet haben. Ich sollte Prometheus noch härter bestrafen und mir auch die neunmalkluge Athene mal vorknüpfen. Außerdem: Bin nicht ich der große Wettergott, oder wer ist mächtiger als ich?"

Hermes wurde es immer ungemütlicher zumute, nahm das Gespräch doch einen Verlauf, den er so ganz und gar nicht gewünscht hatte.

„Aber auch wenn die Menschen nicht Eure Geschöpfe sind, habt Ihr Euch ihnen gegenüber doch immer wie ein Vater verhalten."

Das stimmte so nicht unbedingt, aber es schmeichelte Zeus' Selbstbild vom großen Vater aller Götter und Menschen.

„... und Zeus", fuhr Hermes fort, „Ihr seid erhaben und mächtig, aber Chronos, die Zeit, und Moira, das Schicksal, sind mächtiger als Ihr."

Zeus blickte ihn mit erhobenen Brauen an, und die Falte zwischen den Augenbrauen vertiefte sich gefährlich. „Was soll das heißen?"

„Es ist einfach nicht klug, sich gegen Mächte zu wenden, die auch Ihr nicht beeinflussen könnt. Ihr seid sicher so klug und weise, all Eure Energie für die Dinge zu verwenden, die zu verändern in Eurer Macht stehen."

Zeus räusperte sich lange, wohl mehr, um seine Unschlüssigkeit zu verbergen, und fragte dann: „Also, was schlägst du vor?"

„Lasst uns einen Spaziergang machen und gemeinsam überlegen, was wir tun können."

Zeus nahm noch einen kräftigen Schluck und willigte ein. So wanderten die beiden durch die ehemals so schönen Haine zu den neu bepflanzten Ambrosiabergen. Hermes zeigte Zeus die kümmerlichen Pflanzen und erzählte von seinen Eindrücken auf der Erde.

„Wir müssen dringend eine Vollversammlung einberufen und sehen, wie wir zu einer Problemlösung kommen."

Hermes schlief schlecht in dieser Nacht und wenn er doch eindämmerte, wurde er von Alpträumen heimgesucht.

Am nächsten Morgen machte Hermes sich in seiner Funktion als Bote des Zeus auf den Weg, um die zwölf Olympier für den nächsten Tag zur Versammlung zu bitten. Die meisten waren nicht gerade begeistert von der Idee, ihren freien Samstag nicht mit Vergnügungen und Wettkämpfen zu verbringen, sondern im Konferenzraum.

Hermes musste daher seine ganze Kraft aufbieten, um alle von der Dringlichkeit der Unterredung zu überzeugen.

Und tatsächlich, sie waren vollständig erschienen: Zeus, der CEO und
König der Götter, und seine Göttergattin, die Zwietracht säende Hera, hatten bereits die thronähnlichen Stühle im Konferenzraum eingenommen.
Hera hatte es sich nicht nehmen lassen, ihre etwas zur Fülle neigende Figur mit einer Robe aus purpurfarbener, schwerer Seide zu bekleiden und
ihre Haare frisch ondulieren zu lassen.

Hermes kam zusammen mit Athene und Demeter. Athene trug heute
nicht ihren Harnisch und das goldene Rüstzeug, sondern ein helles, flie-
ßendes Gewand, an das sie als einzigen Schmuck einen Olivenzweig an-
gesteckt hatte. Während sich die Strategin des Hauses normalerweise ab-
solut selbständig und eher ungezähmt zeigte, wirkte sie heute recht unsi-
cher und deprimiert. Auch Demeter sah man die schlaflosen Nächte an.
Sie hatte dunkle Schatten um die Augen und wirkte ängstlich.

Der hinkende **Hephaistos**, einer der Söhne von Zeus und Hera, wirkte neben seinem Vater immer ein wenig blass, war aber als technischer Produk-
tionsleiter allgemein sehr geschätzt, vor allem seiner exzellenten hand-
werklichen Fähigkeiten wegen.

Ganz anders trat dagegen **Ares** auf. Auch er war ein Sohn des Zeus und
der Hera und hatte von seinem Vater das aufbrausende und aggressive
Temperament geerbt. Aufgrund seines Wesens war er bei den übrigen
Göttern nicht sehr beliebt. Seine Unbeliebtheit wurde noch durch die Affä-
re mit Aphrodite verstärkt, deshalb war er für einige Zeit vom Olymp
verbannt worden. Zeus, der diesen Sohn besonders liebte und ihm einiges
nachsah, hatte ihn aber wieder als Assistenten der Geschäftsführung im
Unternehmen aufgenommen.

Als Nächster kam der junge und schöne **Apollon** mit seiner Zwillings-
schwester Artemis. Sie setzten sich ans andere Ende des Konferenztisches,
möglichst weit von Hera entfernt, die sie als illegitime Kinder des Zeus be-
trachtete und ihnen gegenüber immer ziemlich gehässig reagierte. Der ge-
lockte Apollon kannte sich besonders gut mit der Heilkunst aus und war
für die Sparte Gesundheit zuständig. Die keusche Göttin Artemis kam im
grünen Jagdkostüm und war im Unternehmen für die Akquisition zuständig.

Dionysos war von seinem Vater Zeus allein erzogen worden, weil Hera in ihrer Eifersucht seine Mutter, die schöne Semele, getötet hatte. Er liebte den Ambrosia und das Vergnügen, konnte gut keltern und war in der Firma nicht nur für die Ambrosiaherstellung zuständig, sondern auch für das Marketing. Dionysos hatte auch die „orgiastischen" Rituale initiiert, bei denen die Menschen in einen Taumel versetzt wurden, um dem Alltag singend und tanzend zu entfliehen, während der Geist des Gottes in Seele und Verstand der Menschen eindrang. Auf diese Weise konnte der Absatz des Ambrosiaweines nicht unerheblich gesteigert werden.

Und dann kam **Aphrodite**, die aus dem Meer geborene Göttin der Schönheit, die die Sparte Wellness leitete. Sie galt als Göttin der Liebe, sie schenkte den Menschen die Leidenschaft und verleitete sie dadurch zur Ehe, aber auch zum Ehebruch. Ihre Wünsche wurden von dem sie begleitenden geflügelten Eros ausgeführt, der seine Opfer mit spitzen Pfeilen traf. Aphrodite bezauberte alle mit ihren Reizen, sowohl Götter als auch Menschen wollten ihre Gunst erringen.

Sie war mit Hephaistos verheiratet, doch es war keine Ehe aus Liebe, denn sie hatte noch ein Verhältnis mit Ares, aus dem neben anderen Kindern auch die Tochter **Harmonia**, die Vollkommene und Göttin der Eintracht, hervorgegangen war.

Poseidon, der wegen seines jähzornigen Charakters gefürchtet war, kam wie üblich wieder einmal unpünktlich, polterte mit seinem Dreizack in den Saal und wurde deswegen von seiner Schwester Hera zurechtgewiesen. Er hatte in der Firma eigentlich keine besondere Aufgabe mehr, nachdem er, Zeus und Hades vor längerer Zeit die Bereiche Unterwelt und Meere aus der Olymp GmbH & Co. KG ausgegliedert hatten. Aber er fühlte sich immer noch irgendwie der Firma zugehörig, ganz besonders nach seinem gelungenen Feuerwehreinsatz. Zudem hoffte er auf eine Einladung zu einem erlesenen Geschäftsessen nach der Sitzung.

3.1 Vom Leitbild zur Innovationsstrategie – Die Innovationslandkarte

Woran denken Sie, wenn Sie das Wort „Innovation" hören? Möglich, dass Ihnen zuerst **Entwicklung und Vermarktung neuer Produkte** in den Sinn kommen.

Die Firma Apple konnte mit auf wegweisende Designs und einfache Bedienbarkeit ausgerichteten Produkten, wie zum Beispiel dem iPhone oder iPad, Trends setzen.

Derartige neue, innovative Produkte bilden jedoch nur eine Spitze eines Innovationseisberges. So erscheint es sehr wahrscheinlich, dass die meisten Ansatzpunkte für Innovationen oftmals aus zunächst unscheinbaren Funktionsbereichen eines Unternehmens kommen, letztlich aber in Summe mit die größten Hebel bieten, um das Unternehmen voranzubringen.

Abbildung 3.1   Das „Haus der Innovationen"

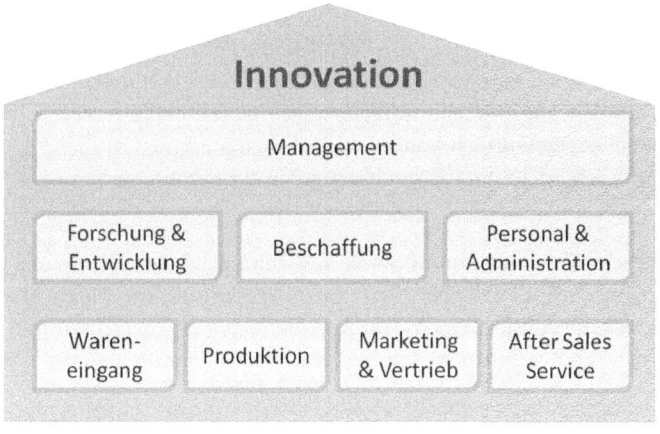

So konnten wir beispielsweise eine Versicherung begleiten, bei der erstmals Innen- und Außendienstler in einer gemeinsamen Runde Ideen für Verbesserungen im Bereich der Schadenbearbeitung und -abwicklung entwickelten. Man würde das heute vielleicht als einen Teil eines kontinuierlichen Verbesserungsprozesses ansehen, nur dass es für dieses Versicherungsunternehmen bislang keinerlei Ansätze regelmäßiger Verbesserungen gab, mit Ausnahme von Abteilungen, die sich mit der Entwicklung neuer Versicherungsprodukte beschäftigten.

Dabei zeigte sich, dass seit Jahren in beiden Bereichen Doppelarbeiten stattfanden. Innen- und Außendienst wussten bislang nicht, dass der jeweils andere Ansprechpartner bestimmte Daten ebenfalls zusammenstellen musste. Dies wurde im Rahmen eines Innovationsworkshops erkannt und die Lösung – die simple Weiterleitung einer E-Mail an jeweils einen zusätzlichen Empfänger – einfach umgesetzt. Hochgerechnet bedeutete dies aber für den Versicherer jährlich fünf- bis sechsstellige Einsparungen – und dass nahezu ohne Zusatzkosten zur Einführung dieses innovativen Prozessschrittes!

Nebenbei lernten die Teilnehmer übrigens auch noch die Notwendigkeiten und Bedürfnisse ihrer Ansprechpartner auf der jeweils anderen Seite besser kennen, was mittelfristig sicherlich zu weiteren unschätzbaren Verbesserungen geführt haben dürfte.

Aus diesem Beispiel wird deutlich, dass es durchaus lohnenswert sein kann, ein Unternehmen in seiner Gesamtheit, mit all seinen verschiedenen Funktionen und Teilbereichen, zu betrachten, um Innovationschancen zu identifizieren.

Das in **Abbildung 3.1** dargestellte **Haus der Innovationen** soll daher helfen, Unternehmen ganzheitlich im Hinblick auf Innovationspotenziale zu betrachten.

Ausgehend von Überlegungen zur Wertschöpfungskette von Michael E. Porter [14], zu der wir noch kommen werden, gruppiert das von uns entwickelte Haus der Innovationen alle Einzelfunktionen eines Unternehmens unter ein Innovationsdach. Selbstverständlich können je nach Unternehmen in dieser Darstellung nach Bedarf noch Einzelfunktionen hinzugefügt beziehungsweise ausgeklammert werden.

Da letztlich alle diese Einzelfunktionen notwendig für den Erfolg des gesamten Unternehmens sind, bietet sich durch diese Darstellung die Möglichkeit, Schritt für Schritt alle Einzelfunktionen des Unternehmens zu betrachten und hinsichtlich möglicher Innovationspotenziale zu analysieren.

In einigen, insbesondere größeren Unternehmen sind für derartige Zwecke mittlerweile bereits eigene Innovationsabteilungen eingerichtet worden. Diese machen es sich zumindest zur Aufgabe, in regelmäßiger Folge in den verschiedensten Unternehmensbereichen Ideen- beziehungsweise KVP[1]-Workshops durchzuführen.

---

[1] Kontinuierlicher Verbesserungsprozess

Vor allem kleinere und mittlere Unternehmen stehen hier jedoch oftmals vor einem Kapazitätsproblem, um derartige Workshops durchzuführen und deren Ergebnisse bis zum Erfolg umzusetzen.

Darüber hinaus können Ideen wesentlich zielgerichteter zu Innovationen werden und das eigene Unternehmen tatsächlich wirkungsvoll nach vorne bringen, wenn sie im eigenen Unternehmensleitbild und in den daraus abgeleiteten Strategien verankert sind, das heißt, wenn die entwickelten Ideen von vorneherein zur Ausrichtung des Unternehmens „passen".

Wir haben daher die in **Abbildung 3.2** dargestellte **Innovationslandkarte** mit zweierlei Zielsetzungen entwickelt:

1. um Innovationsaktivitäten passgenau zur Unternehmensausrichtung entwickeln zu können und

2. um Mitarbeitenden im Unternehmen ihre Rolle und Bedeutung für den Gesamterfolg aller Innovationsaktivitäten zu vermitteln und damit Identifikation und Sinngefühl zu stärken.

Abbildung 3.2   Das Prinzip der Innovationslandkarte

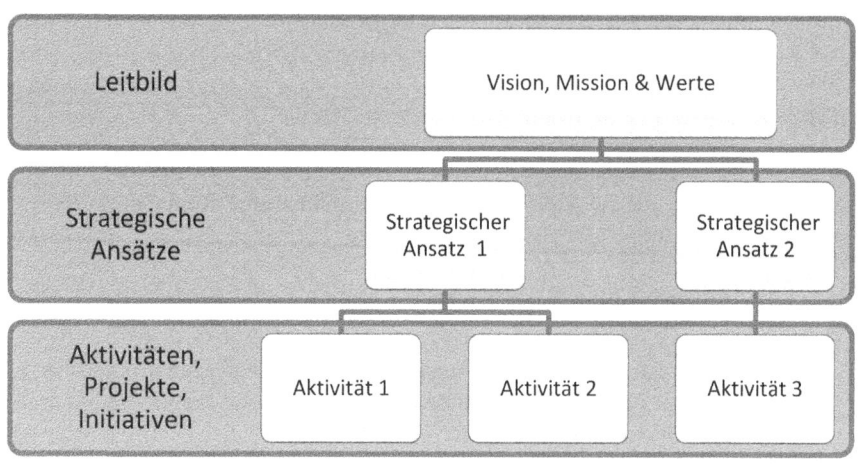

Die Innovationslandkarte entsteht dabei aus und in Anlehnung an die von Kaplan und Norton [16] entwickelten „Strategy Maps", wobei anstelle der sogenannten Perspektiven nun der zeitliche Horizont von Innovationsaktivitäten und -planungsebenen in die Darstellung aufgenommen wird.

Dadurch gewinnt die Innovationslandkarte an Bedeutung und Interpretierbarkeit im Vergleich zu „Strategy Maps".

Konkret schlagen wir wie in **Abbildung 3.2** dargestellt vor, eine strategische Unternehmensplanung in drei Ebenen einzuteilen:

1. Das **Unternehmensleitbild**, und hier vor allem Vision und Mission, das wie im vorangegangenen Kapitel auf einem längerfristigen Zeithorizont bestimmt, was Ihr Unternehmen nach innen und außen verkörpern soll.

2. **Strategische Ansätze**, mit denen skizziert wird, in welche Richtung sich Ihr Unternehmen weiterentwickeln soll, üblicherweise mit einem Planungshorizont von drei bis fünf Jahren.

3. In der dritten Ebene sind dann aus den strategischen Ansätzen abgeleitete, **konkrete Innovationsansätze und -initiativen zu entwickeln.**

Ein positiver Nebeneffekt ist, dass die Identifikation der Mitarbeiter mit den Innovationsvorhaben noch weiter gestärkt wird, da alle Aktivitäten auch für die Mitarbeiter im Unternehmen ein nachvollziehbares, stimmiges Gesamtbild ergeben, in dem sie auch wieder ihre eigene Rolle und den Nutzen ihrer eigenen Beiträge wiedererkennen können.

Zudem hält die Innovationslandkarte dazu an, die Planung und Durchführung von Aktivitäten kontinuierlich gezielt mit den durch das Unternehmensleitbild festgelegten mittel- und langfristigen Zielen abzugleichen.

Ganz pragmatisch schlagen wir für den täglichen Gebrauch vor, großformatige Ausdrucke einer solchen, auf das jeweilige Unternehmen individuell abgestimmten Innovationslandkarte an allgemein leicht zugänglichen Orten regelmäßig auszuhängen. So kann beispielsweise in einem gemeinsamen Aufenthaltsraum oder einer Kantine die Innovationslandkarte quasi im Vorbeigehen wahrgenommen und dadurch können Fortschritte, Verbesserungen und dergleichen kommuniziert werden.

Ergänzend können in die Innovationslandkarte Kennzahlen oder Fortschrittsbalken aufgenommen werden, so dass auch der Fortschritt der Entwicklungen deutlich erkennbar wird.

Unter:
http://www.steinbeis-si.de
beziehungsweise unter
http://sourceforge.net/projects/strategymap/

haben wir ein kleines Tool für handelsübliche Office-Kalkulations-Programme erstellt, mit dem Sie eine solche Innovationslandkarte auf einfache Weise entwickeln, pflegen und wie vorgeschlagen auch ausdrucken oder im Intranet publizieren können. **Abbildung 3.3** zeigt ein Beispiel, das mit diesem Tool erstellt worden ist.

Es besteht übrigens bei dem Tool die Möglichkeit, Farben, Schriften, Hintergründe und dergleichen anzupassen, um die Darstellung möglichst weitgehend dem eigenen Unternehmensdesign beziehungsweise der Corporate Identity anzupassen und so die Identifikation mit den eigenen Innovationsanstrengungen noch weiter zu steigern.

Abbildung 3.3   Eine Innovationslandkarte in der Anwendung

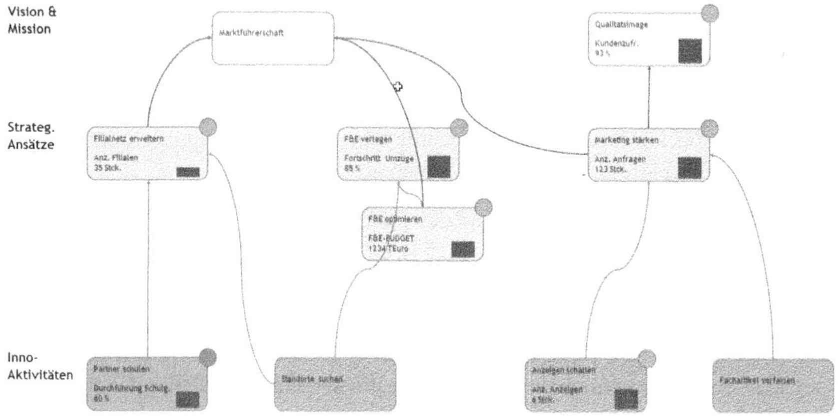

3.2   Zweitbeste Innovationsansätze

Im weiteren Verlauf dieses Kapitels werden wir aufbauend auf diesen Überlegungen drei Ansatzpunkte diskutieren, um die Zukunft des eigenen Unternehmens zu gestalten:

1. Analyse, wo sich das Unternehmen befindet (→ vgl. Abschnitt 3.3),

2. erprobte Werkzeuge, um hochwertige, konkrete Innovationsansätze zu entwickeln und

3. Vorgehensweisen, um Innovationsansätze zu bewerten und letztlich umzusetzende Ansätze festlegen zu können (→ vgl. Abschnitt 3.5)

Was aber passiert mit den an und für sich guten, aber zweitbesten Ideen, die aus welchen Gründen auch immer derzeit **nicht** weiter verfolgt werden sollen?

Grundsätzlich gibt es dazu die in **Abbildung 3.4** dargestellten vier Wege. Wir empfehlen, alle diese Wege systematisch für (noch) nicht verwendete Innovationsansätze zu prüfen und sich bewusst für einen zu entscheiden.

Abbildung 3.4   Optionen für bislang nicht verwertete Ideen

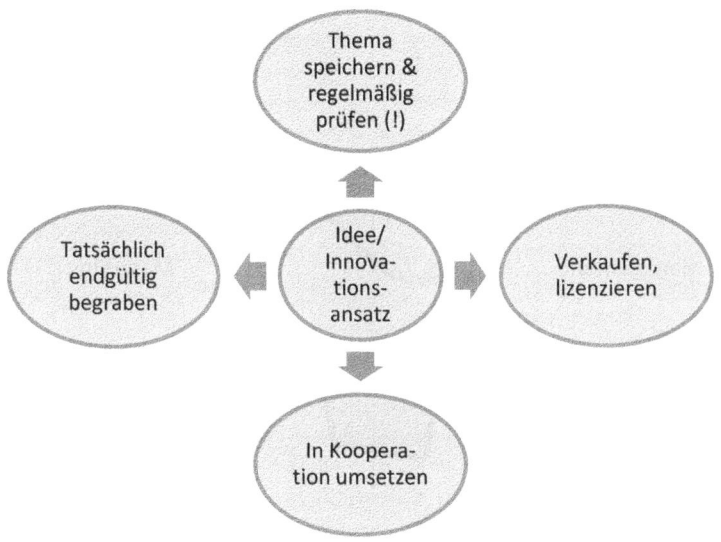

3.3   Die eigene Position bestimmen

Unternehmensberater widmen einen großen Teil ihrer Tätigkeiten der Analyse der Ist-Situation von Unternehmen. Eine Vielfalt von Analyseansätzen ist die logische Folge. Wir möchten daher nur eine kleine Auswahl von Ansätzen darstellen, die allerdings unserer Einschätzung nach rasch anzueignen sind und gleichzeitig vielseitig eingesetzt werden können.

3.3.1   Innovations-Check

Der **Innovations-Check** (siehe **Abbildung 3.5**) dient dazu, mittels eines Spinnennetzdiagramms einen raschen Überblick zu erhalten, in welchen Bereichen Optimierungsbedarfe bestehen und in welchen Bereichen das Unternehmen bereits gut aufgestellt ist.

Abbildung 3.5   Innovations-Check

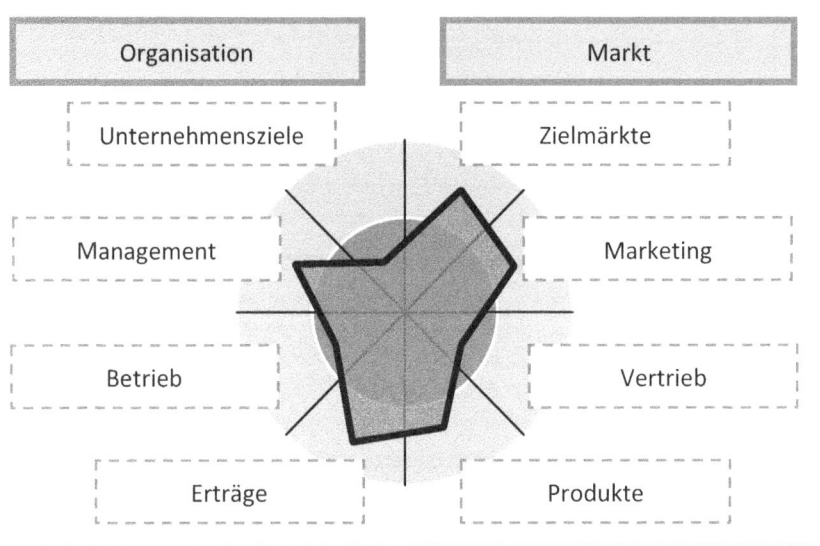

(Quelle: [17])

Inhaltlich stellt der Innovations-Check organisationsbezogene Kompetenzen marktbezogenen Kompetenzen in vier Dimensionen gegenüber.

Dazu werden in Interviews mit der Geschäftsführung und Führungskräften Einschätzungen zur Aufstellung des eigenen Unternehmens hinsichtlich der 2 x 4 Aspekte gesammelt, diskutiert und auf einer einheitlichen Skala von zum Beispiel 10 (sehr gut positioniert) bis 0 (sehr starker Optimierungsbedarf) eingestuft. Durch die übersichtliche Abbildung in einem Spinnennetzdiagramm erhält man dann einen guten Überblick, an welchen Stellen im Unternehmen „der Schuh drückt" und wo besonderer Handlungsbedarf besteht.

Mögliche Leitfragen zur Diskussion der einzelnen Dimensionen sind in **Tabelle 3.1** genannt.

Tabelle 3.1 Beispiele für Leitfragen für einen Innovations-Check

Organisation		Markt	
Unternehmensziele	Was wollen Sie? (Unternehmenszukunft, Partner, Innovationspotenziale)	Zielmärkte	Was ist Ihr Markt? (Zielgruppen, Markterwartungen, Wettbewerb, Marktzugang)
Management	Wie gestalten Sie? (Führungsstile, Unternehmenskultur, technische Entwicklung)	Marketing	Wie verwerten Sie? (Information, Kommunikation, Produktmarketing, Preisattraktivität)
Betrieb	Wie realisieren Sie? (Betriebsstruktur, -abläufe, Qualitätssicherung)	Vertrieb	Wie verkaufen Sie? (Vertriebsstrategie, -abläufe, -partner)
Erträge	Was erhalten Sie? (Erfolgskennzahlen, Produkterfolge, Finanzsituation)	Produkte	Was bieten Sie? (Kundenerwartungen, Kundennutzen)

(Quelle: [14])

Ziel des Innovations-Checks ist es, auf schnelle und einfache Weise einen ersten Überblick zu erhalten. Bei der Auswertung der Ergebnisse ist allerdings zu berücksichtigen, dass es sich hier allein um subjektive Einschätzungen handelt, die natürlich nicht an einem äußeren Maßstab objektiviert sind. Ebenso spiegelt der Innovations-Check allein die Meinung der befragten Personen wider. Sofern Vergleichsinformationen aus der Branche oder von vergleichbaren Unternehmen verfügbar oder erhältlich sind (hier helfen teilweise Handwerkskammern, IHKs, Branchenverbände oder Steuerberater/Wirtschaftsprüfer weiter), kann es daher hilfreich sein, diese zusätzlich in die Beurteilungen als neutrale Meinungen einfließen zu lassen.

3.3.2 Stärken – Schwächen – Chancen – Risiken (SWOT-Analyse)

Abbildung 3.6   SWOT-Analyse

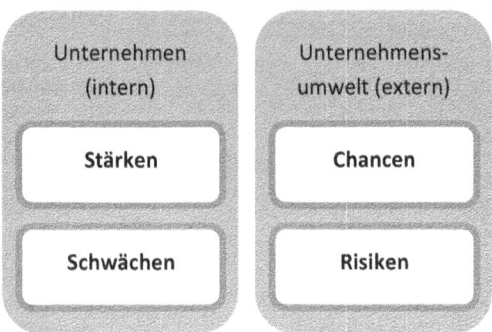

Mittlerweile ist das Analyseinstrument „Stärken-Schwächen-Chancen-Risiken" (SSCR), im Englischen auch als Strengths-Weaknesses-Opportunities-Threats-Analyse (**SWOT**) bezeichnet, so weit verbreitet und schon im Prinzip seit den Anfängen der strategischen Kriegsführung in Verwendung, dass es schwer fällt, den Urheber anzugeben. Obwohl bereits sehr häufig in Verwendung, lohnt es sich (nochmals) einen Blick auf die Anwendung der SWOT-Analyse zu werfen. Denn so lange wie es die SWOT-Analyse als Methode bereits gibt, so unterschiedlich wird sie im Detail angewendet und eingesetzt. Im Folgenden lehnen wir uns daher an die Darstellungen in [19] an.

Ziel einer SWOT-Analyse ist es wie beim Innovations-Check, einen strukturierten Überblick über die Gesamtsituation eines Unternehmens zu erhalten, dieses Mal in Form einer 2x2-Matrix. Dabei wird unterschieden zwischen Aspekten, die innerhalb des Unternehmens beziehungsweise aus dem Unternehmen heraus begründet sind (Innensicht) sowie Aspekten, die sich aus der Umwelt des Unternehmens ergeben oder durch von außen vorgegebene Rahmenbedingungen her zu erwarten sind (äußerer Rahmen). Letztere entwickeln sich unabhängig vom Unternehmen und müssen daher als Notwendigkeit oder als mehr oder weniger unverrückbare Fakten verstanden werden. Erstere hingegen können durch das Unternehmen selbst beeinflusst oder wenigstens vom Unternehmen selbst ausgelöst werden.

Durch Kombination von jeweils zwei Feldern lassen sich aus der Matrix wie in **Tabelle 3.2** dargestellt Ansätze für strategische Weiterentwicklungen ableiten.

Tabelle 3.2   Ableitung strategischer Ansätze aus der 2x2-Matrix

	Stärken	Schwächen
Chancen	**Konsequenter Einsatz** von Stärken zur Nutzung von Chancen	**Überwindung** der eigenen Schwächen durch Nutzung von Chancen
Risiken	**Nutzung** eigener Stärken zur Vermeidung beziehungsweise präventiven Abwehr von Gefahren	**Einschränkung** der eigenen Schwächen durch Vermeidung von Bedrohungen

Eine SWOT-Analyse lässt sich übrigens sowohl innerhalb eines einzelnen Unternehmens, also zum Beispiel für einzelne Abteilungen oder Produktlinien, als auch für das Gesamtunternehmen durchführen.

Um eine SWOT-Analyse konkret durchzuführen, diskutieren und befüllen in einem ersten Schritt Führungskräfte die vier Felder der SWOT-Matrix. In einem zweiten Schritt können dann durch Kombination von jeweils einer Zeile mit einer Spalte der Matrix aus **Tabelle 3.2** mögliche zukünftige strategische Ansätze abgeleitet werden.

Dieses Vorgehen ist insgesamt recht direkt umsetzbar, wir haben jedoch auch schon erlebt, dass teilweise nicht oder zu ungenau zwischen Unternehmen und Unternehmensumwelt unterschieden wird. Dann bleibt oftmals unklar, warum welcher Aspekt beispielsweise als Chance und welcher Aspekt als Stärke respektive als Risiko oder als Schwäche eingestuft wird. Dann fällt es schwer, nutzbare strategische Ansätze abzuleiten. Diese Schwierigkeit lässt sich aber von vornherein relativ leicht vermeiden, wenn allen Diskussionsteilnehmern bereits am Anfang der Bedeutungsunterschied zwischen den beiden Spalten beziehungsweise Blickwinkeln der SWOT-Analyse eingehend verdeutlicht wird.

Eine Schwierigkeit bei SWOT bleibt: Prinzipiell ergeben sich am Ende einer Analyse mindestens vier strategische Ansätze. Sofern einer oder mehrere der Ansätze nicht offensichtlich abzulehnen sind – was manchmal zum Beispiel bei Strategien der Kategorie „Einschränkung der eigenen Schwächen durch Vermeidung von

Bedrohungen" aufgrund der entstehenden „Unnatürlichkeit" sein kann – benötigt man einen weiteren Analysedurchgang beziehungsweise Abstimmungen, um den oder die letztlich zu realisierenden strategischen Ansätze zu prüfen und herauszufiltern.

Und, last but not least, gilt auch hier: Es werden nur subjektive Einschätzungen der Beteiligten gesammelt, es empfiehlt sich daher auch bei einer SWOT-Analyse, diese durch Meinungen Dritter, zum Beispiel unabhängiger Beratungsinstitute, oder durch Vergleichsdaten zu untermauern beziehungsweise gegenzuprüfen.

3.3.3 Fünf-Kräfte-Modell, betriebliche Wertschöpfungskette und Wertschöpfungswerkstatt

Einen etwas anders gearteten Ansatz verfolgt das ebenfalls von Michael Porter [15] entwickelte und in **Abbildung 3.7** dargestellte **Fünf-Kräfte-Modell**:

Abbildung 3.7   Fünf-Kräfte-Modell

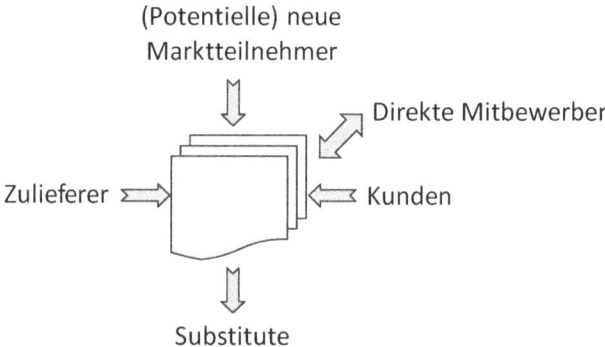

Ursprünglich als Werkzeug zur Analyse ganzer Märkte entwickelt, analysiert das Fünf-Kräfte-Modell Aktoren, die auf einen Markt – beziehungsweise in diesem Kontext auf ein Unternehmen – einwirken. Insofern wird es häufig auch im Rahmen einer SWOT-Analyse, und hier insbesondere zur Strukturierung der Umweltanalyse, eingesetzt.

Das Fünf-Kräfte-Modell erfasst alle am Markt tätigen Kräfte, die auf ein Unternehmen einwirken können. Dazu wird analysiert, wie diese Kräfte, insbesondere

andere Marktteilnehmer, Zulieferer, Kunden, Mitbewerber, aber auch Alternativ-
produkte (Substitute), auf den Markt beziehungsweise das Unternehmen einwirken. Als statisches Bild der zu analysierenden beziehungsweise vorhandenen
Kräfte liefert das Modell eine Schablone zur Analyse der Unternehmensumwelt,
beispielsweise für eine SWOT-Analyse. Strategische Optionen für das Unternehmen ergeben sich darüber hinaus aus der Analogie, wie ein verformbares Material einer gesamten Krafteinwirkung ausweicht und damit wie das Material auf
diese einwirkenden Kräfte reagiert.

Da durch diese fünf Kategorien alle prinzipiell möglichen Kräfte erfasst werden,
hilft dieser Ansatz auch sicherzustellen, dass die Betrachtung der Unternehmensumwelt vollständig und umfassend erfolgt.

Abbildung 3.8   Wertschöpfungskette für Produktionsbetriebe

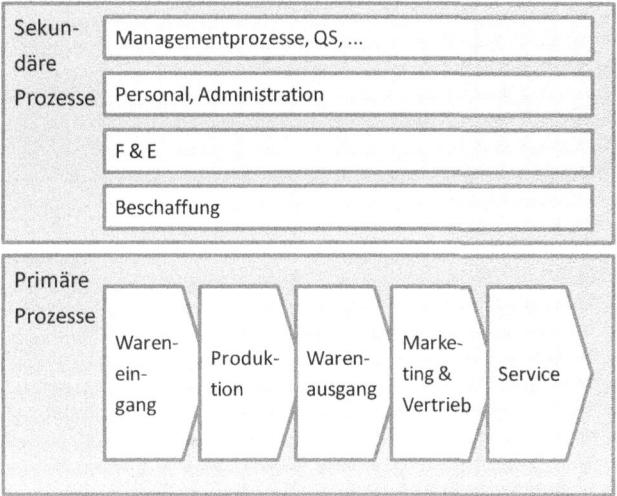

Die betriebliche **Wertschöpfungskette** für Produktionsbetriebe (**Abbildung 3.8**)
und die **Wertschöpfungswerkstatt** für Dienstleister (**Abbildung 3.9**) bilden dagegen Modelle zur Analyse der Innensicht einer SWOT-Analyse. Beide gliedern
als sogenannte primäre Prozesse typische Prozessstufen zur Herstellung der
Kernprodukte beziehungsweise zur Bereitstellung der Kerndienstleistungen
innerhalb eines Unternehmens in eine Abfolge aufeinander aufbauender Teil-
schritte. Daneben enthalten diese Modelle übergreifende Funktionen eines Un-

ternehmens, die nicht direkt an der eigentlichen Wertschöpfung beteiligt sind, sogenannte sekundäre Prozesse, beispielsweise Managementfunktionen oder Forschung und Entwicklung.

Selbstverständlich können sowohl das Fünf-Kräfte-Modell als auch beide Strukturen zur Darstellung interner Abläufe als Grundstrukturen aufgefasst werden, die je nach Bedarf im konkreten Einzelfall ergänzt, gekürzt beziehungsweise angepasst werden können.

Abbildung 3.9   Wertschöpfungswerkstatt für Dienstleistungsbetriebe

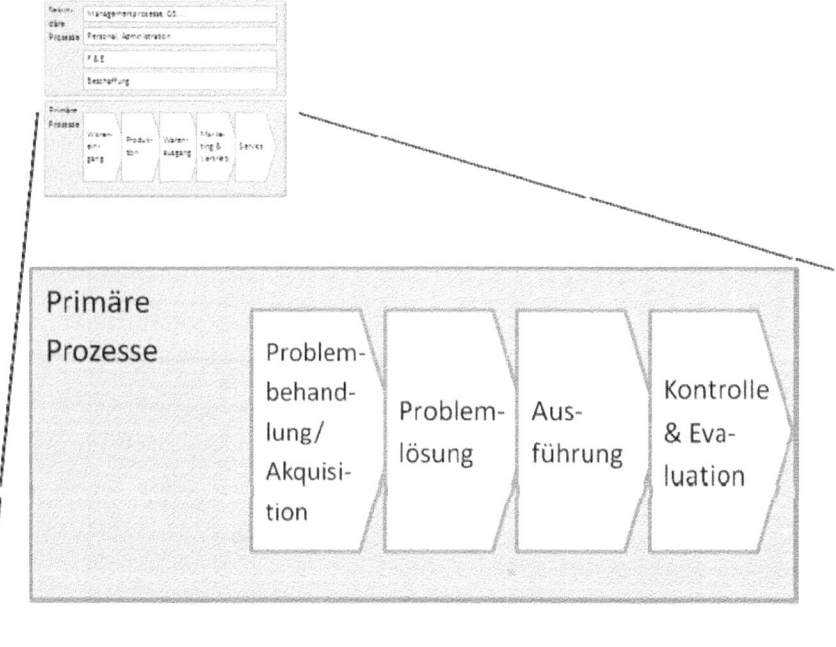

3.4   Innovationsansätze kreativ entwickeln

Wenn nun klar ist, in welcher Ausgangssituation sich ein Unternehmen befindet, geht es im nächsten Schritt darum, strategische Ansätze und konkrete Aktivitäten abzuleiten, damit sich das Unternehmen entlang des eigenen Leitbildes entwickeln kann. Zur Ideenproduktion innerhalb dieser strategischen Phase ist mittlerweile eine Vielzahl von Kreativitätstechniken bekannt. Wir möchten daher an dieser Stelle nur solche empfehlen, die wir in der Vergangenheit einerseits als leicht erlern- und anwendbar, gleichzeitig aber auch als effizient erlebt haben.

3.4.1   Die Methode 6 – 3 – 5

Die **Methode 6 – 3 – 5 (Tabelle 3.**3) ermöglicht es, in einer kleinen Runde mit nur sehr geringem Vorbereitungsaufwand und in sehr kurzer Zeit eine Vielzahl von Ideen (theoretisch standardmäßig bis zu 108) zu generieren. Besonders wichtig ist dabei, dass Ideen einerseits frei und unabhängig entwickelt werden können, gleichzeitig aber auch Ideen entlang bereits bestehender Vorschläge weiter fort- (oder um-) geschrieben werden. Zudem ist die Gesamtdauer einer Sitzung klar begrenzt.

Tabelle 3.3   Vorlage für 6 – 3 – 5

	Idee 1	Idee 2	Idee 3
Teilnehmer 1			
Teilnehmer 2			
Teilnehmer 3			
Teilnehmer 4			
Teilnehmer 5			
Teilnehmer 6			

Im Idealfall nehmen dazu sechs Teilnehmer an einer Sitzung teil. Jeder Teilnehmer erhält ein gleich großes Blatt Papier mit einer leeren Tabelle mit drei Spalten und sechs Zeilen. Zu Beginn soll jeder Teilnehmer in der obersten Zeile drei Ideen in die Tabelle eintragen. Nach einer kurzen Zeit (je nach Schwierigkeitsgrad der Aufgabe zwischen drei und fünf Minuten) wird das Blatt im Uhrzeigersinn weitergereicht. Der nächste Teilnehmer soll dann versuchen, die auf dem erhaltenen Blatt bereits bestehenden Ideen aufzugreifen, zu ergänzen oder auf sonstige Weise weiterzuentwickeln.

Besonders geeignet ist die Methode 6 – 3 – 5, wie viele Kreativitätstechniken aus dem Bereich des Brainwritings, für leichte bis mittelschwere Problemstellungen. Weniger geeignet ist diese Methode dagegen in Fällen, in denen zum Beispiel sehr spezifische, wissensintensive Weiterentwicklungen notwendig sind, das heißt beispielsweise, wenn zu erwarten ist, dass sich mögliche Lösungsansätze kaum oder überhaupt nicht als knappe, stichwortartige Lösungsskizzen darstellen lassen.

Die Methode **Flip-Flop** (**Abbildung 3.**10) setzt bei einer weit verbreiteten, menschlichen Schwäche an: Oftmals fällt es uns (leider) leichter, Vorschläge negativ zu kritisieren oder Gründe zu finden, warum etwas nicht gut sein kann beziehungsweise warum etwas sowieso nicht funktionieren kann. Flip-Flop macht sich diesen Umstand zunutze und erhebt ihn zum Prinzip. Dadurch gelingt es, auf in der Regel recht unterhaltsame, aber auch produktive Weise neue Ansätze selbst in „verfahrenen" Situationen zu generieren.

3.4.2   Die Methode Flip-Flop

Abbildung 3.10   Flip-Flop

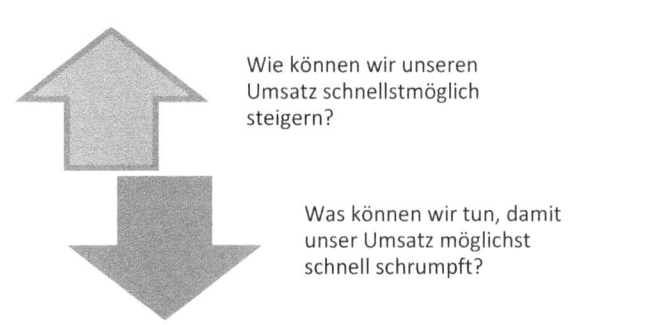

Wie können wir unseren Umsatz schnellstmöglich steigern?

Was können wir tun, damit unser Umsatz möglichst schnell schrumpft?

Ausgangspunkt hierfür ist eine zu lösende Fragestellung (zum Beispiel: „Wie können wir unseren Umsatz schnellstmöglich steigern?"). Nun versucht man im Team, diese Fragestellung umzupolen (zum Beispiel: „Was können wir tun, damit unser Umsatz schnellstmöglich schrumpft?") und für die umgepolte Fragestellung Lösungen zu finden, was den Teammitgliedern oftmals deutlich leichter fällt. Alle gefundenen Ideen wieder dann umgepolt und in einer Teamdiskussion ausgewählt, in wieweit diese Ansätze zur Lösung der ursprünglichen Fragestellung genutzt werden können.

Flip-Flop macht Spaß, und das ist gut so. Es besteht jedoch die Gefahr, dass das Team bei der Ideenproduktion abgleitet und (fast) nur noch Extremideen entwickelt, die offensichtlich nicht weiter verwendbar sind. Hier sollte ein Moderator sanft in die Ideenproduktion eingreifen und die Teilnehmer wieder an die ursprüngliche Aufgabe erinnern

Umgekehrt eignet sich Flip-Flop allerdings auch als „Aufwärmübung", um Schwung für weitere Ideenproduktionstechniken zu gewinnen.

3.4.3   Die Osborn-Checkliste

Abbildung 3.11   Standardfragenliste nach Osborn

Andere Verwendungsmöglichkeit?

Anpassen?

Modifizieren?

Vergrößern?

Verkleinern?

Ersetzen?

Umgruppieren?

Umkehren?

Neu kombinieren?

Die **Osborn-Checkliste** ist ein Hilfsmittel, um aus Bestehendem neue Lösungsansätze, vor allem aber auch neue Produktideen zu entwickeln. Auf Basis einer vorab erstellten Fragenliste gelingt es, in kurzer Zeit Ideen für Produktmodifikationen, teilweise sogar für Neuprodukte zu entwickeln, die sich durch eine sehr hohe Breite und Vielfalt der Ansätze auszeichnen.

In der Regel wird bei der Osborn-Checkliste von einem bereits vorhandenen Produkt ausgegangen. Wie in **Abbildung 3.11** dargestellt, wird nun versucht, entlang einer Reihe von Fragen neue Produkte oder zumindest Produktmodifikationen zu entwickeln. Die Fragen der Osborn-Checkliste zielen dabei jeweils auf eine Modifikation einer Dimension beziehungsweise Eigenschaft des zu betrachtenden Produkts ab.

Die Osborn-Checkliste lässt sich in der Regel recht gut durchführen, insbesondere in Teams mit etwa vier bis acht Mitgliedern. Obwohl die in **Abbildung 3.11** konkret dargestellte Fragenliste sehr oft angewendet wird und universell verwendbar ist, besteht natürlich dennoch die Möglichkeit, im Team vorab eine eigene Fragenliste zu kreieren, um noch passgenauer die überhaupt im betreffenden Gebiet vorhandenen beziehungsweise sinnvollen Dimensionen abzudecken.

3.5 Innovationsansätze bewerten und erfolgreich umsetzen

Nachdem wir Methoden kennengelernt haben, um Ideen für neue Produktansätze, für Produktmodifikationen oder aber auch zur Lösung spezifischer Fragestellungen zu entwickeln, stellt sich nun die Frage, wie aus der Fülle der gewonnenen Ansätze nun diejenigen ausgewählt werden können, die auch im Folgenden – angesichts grundsätzlich knapper Entwicklungskapazitäten – weiter verfolgt werden sollen.

3.5.1 Mehrstufiger Ideenfilter

Der **mehrstufige Ideenfilter** (siehe **Abbildung 3.12**) beschreibt einen generischen, schrittweisen Ansatz, bei dem in jedem Schritt eine andere Auswahlmethode zum Einsatz kommt. Dazu wird für eine grobe Vorauswahl mit einfachen, kostengünstigen Auswahlmethoden begonnen, um die am wenigsten für eine Umsetzung geeigneten Ansätze auszusortieren. Schritt für Schritt werden dann die jeweils verbleibenden Innovationsansätze mit tendenziell immer aufwendigeren Methoden feinbewertet und ausgewählt.

Bewährt hat sich dabei ein zweistufiges Vorgehen:

Im **ersten Schritt** wird vorab, beispielsweise anhand einer Checkliste, geprüft, ob gewisse Grundvoraussetzungen von den aufgefundenen Lösungen erfüllt werden. Im **zweiten Schritt** erfolgt dann eine Feinselektion auf Basis tiefer gehender

Analysen, beispielsweise mit Hilfe der im Folgenden dargestellten Bewertungs- und Auswahlmethoden.

Abbildung 3.12 Prinzipielles Vorgehen für einen mehrstufigen Ideenfilter

Beispiele für ausgewählte
Umsetzungsprojekte:

■ Neues Produkt

■ Produktweiterentwicklung

■ Organisationsentwicklungs-
     maßnahme

■ Anpassung Bonifikationssystem

■ ...

Da dieser Ansatz im Wesentlichen eine generische Hülle für das weitere Vorgehen beschreibt, kommt es natürlich darauf an, auf welche Weise letzten Endes in den beiden Phasen die Auswahlen geschehen.

Wird wie vorgeschlagen im ersten Schritt eine Checkliste verwendet, hat es sich als besonders zweckmäßig erwiesen, wenn Auswahlkriterien, also die Liste als notwendig erachteter Grundvoraussetzungen, stets **im Vorfeld der Ideenentwicklung** definiert werden – am besten also, bevor überhaupt erste Lösungsideen entwickelt wurden. Da meist Lösungsansätze existieren, die von einem oder mehreren Bewertern intuitiv bevorzugt werden, kann es sonst schnell passieren, dass die **Kriterien** letztlich so ausgewählt werden, dass diese intuitiv bevorzugten Ansätze als Ergebnis des Auswahlprozesses herauskommen – und eben nicht zwingend die Ansätze, die sachlich die besten wären.

3.5.2   Muss – Sollte – Kann

Muss – Sollte – Kann ist eine Erweiterung eines Auswahlansatzes auf Basis einer Kriterienliste. Wie der Name schon nahelegt, werden hier nicht nur zwingend notwendige Kriterien berücksichtigt, sondern darüber hinaus auch besonders wünschenswerte Kriterien bewertet. Konkret werden dabei diejenigen Ansätze aussortiert, die nicht alle zwingend notwendigen Kriterien erfüllen (notwendige Voraussetzung).

Aus den verbleibenden Ansätzen wird nun allerdings nur derjenige Anteil (zum Beispiel die besten zehn Prozent) weiterverfolgt, der zusätzlich zumindest die meisten der wünschenswerten Kriterien erfüllt.

Um eine Liste wünschenswerter Eigenschaften zu erstellen, hilft es oftmals, sich am aktuellen Unternehmensleitbild zu orientieren. Und auch hier gilt das bereits im vorhergehenden Abschnitt Gesagte: Um Scheinobjektivität zu vermeiden, sollten diese Beurteilungskriterien vorab, am besten vor Generierung von Lösungsansätzen, definiert werden.

3.5.3   Nettobarwertanalyse

Nettobarwertanalysen sind Teil einer Klasse quantitativ-analytischer Bewertungsmethoden.

Abbildung 3.13   Schematische Gegenüberstellung von Nutzen und Umsetzungsdauer mehrerer Innovationsansätze

---

Wert/Nutzen

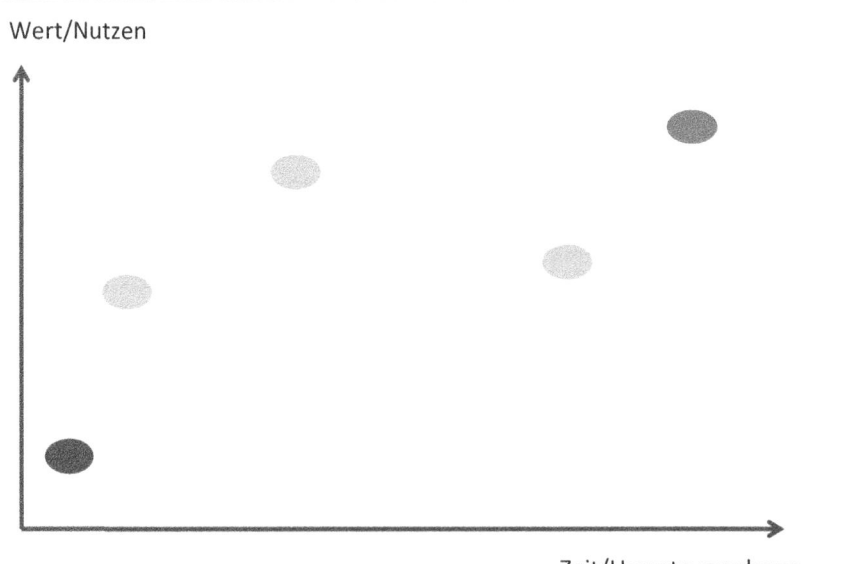

Zeit/Umsetzungsdauer

Die Zeitverläufe verschiedener Lösungsansätze, wann mit Ausgaben oder Einnahmen zu rechnen ist, unterscheiden sich oftmals deutlich voneinander. Dies ist daher in **Abbildung 3.13** schematisch dargestellt.

Eine finanzielle Bewertung solcher Zeitverläufe kann nicht einfach durch Aufsummieren beziehen Abziehen der zu erwartenden Einnahmen beziehungsweise Kosten erfolgen, da in der Regel ein zeitnaher Nutzen einem sehr lange auf sich warten lassenden Nutzen vorzuziehen ist und umgekehrt zeitnahe Kosten in der Regel schwerer wiegen als in fernerer Zukunft zu erwartende Kosten. Darüber hinaus gibt es oftmals nicht nur einen, sondern mehrere Zeitpunkte oder Phasen, an denen für einen Lösungsansatz Nutzen beziehungsweise Kosten zu erwarten sind.

Mittels Nettobarwertanalysen kann daher im Rahmen einer Feinanalyse versucht werden, diese Zeitlichkeit in der Analyse zu berücksichtigen. Dabei wird versucht abzuschätzen, wie viel Liquidität zu einem gegebenen Zeitpunkt (zum Beispiel heute) vorhanden sein muss, um ein bestimmtes Vorhaben umzusetzen. Sind Kosten in der Zukunft zu erwarten, so wird theoretisch hierfür heute so viel weniger Kapital benötigt, wie Zinseszinsen in der Zeit bis zur Begleichung der Kosten theoretisch anfallen werden. Sind Einnahmen in der Zukunft zu erwarten, sind diese umgekehrt zum gewählten Zeitpunkt so viel weniger wert, wie Zinseszinsen auf ein fiktives Sparguthaben anfallen würden, das zum Zeitpunkt der zu erwartenden Einnahmen genau die gleiche Höhe hätte wie diese zu erwartenden Einnahmen.

Für eine Nettobarwertanalyse sind daher zwei Informationen vorab zu ermitteln:

■ An welchen Zeitpunkten sind welche Geldflüsse (Einnahmen als auch Ausgaben) zu erwarten?

■ Welche Verzinsung kann abzuzinsenden Einnahmen beziehungsweise Ausgaben zugrunde gelegt werden?

Liegen diese Informationen vor, können für alle Einnahmen- und Ausgabenpositionen die fiktiven Liquiditätsanforderungen durch Auf- beziehungsweise Abzinsen ermittelt werden, die zum gewählten Betrachtungszeitpunkt (also zum Beispiel heute) für die Realisierung des Ansatzes erforderlich wären. Da sich nun alle so ermittelten fiktiven Einnahme- und Ausgabenpositionen auf den gleichen Zeitpunkt beziehen, können diese nun voneinander abgezogen werden. Dasjenige Vorhaben, das den größten auf diese Weise ermittelten abgezinsten Ertrag erwarten lässt, stellt das gemäß der Nettobarwertanalyse geeignetste Vorhaben dar.

Abbildung 3.14   Beispiel einer Nettobarwertanalyse

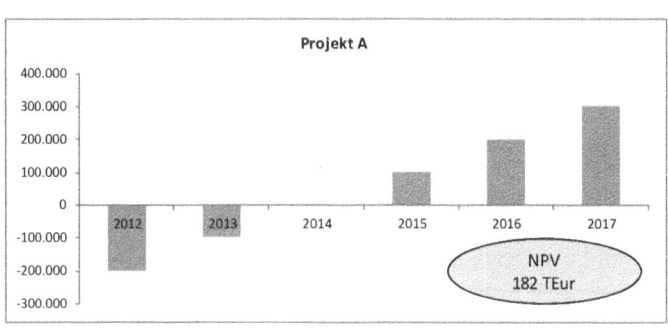

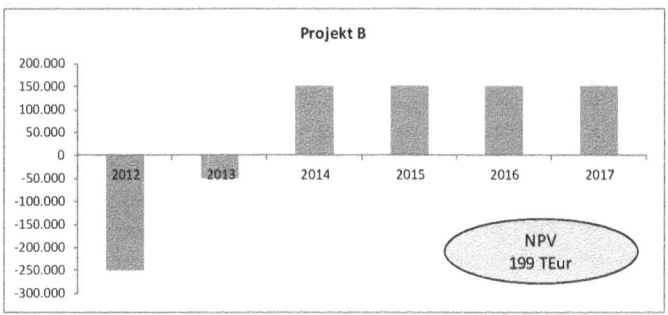

Ein Beispiel ist in **Abbildung 3.14** dargestellt. Dabei werden zwei Projekte miteinander verglichen, die im Zeitraum 2012 bis 2017 einen Einnahmenüberschuss
von insgesamt 300.000 Euro erwarten lassen. Die Projekte unterscheiden sich aber
darin, wann welche Einnahmen beziehungsweise Ausgaben anfallen. Projekt A
lässt zu Anfang etwas geringere Ausgaben erwarten, kommt dafür aber auch
langsamer in die Gewinnzone im Vergleich zu Projekt B.

Projekt B hat daher mit 199.000 Euro einen um rund neun Prozent höheren
Nettobarwert (engl. net present value, NPV) als Projekt A, das nur auf einen
Nettobarwert von rund 182.000 Euro kommt. Projekt B wäre dann also Projekt
A vorzuziehen – obwohl beide in Summe den gleichen Einnahmeüberschuss im
Zeitraum 2012 bis 2017 erwarten lassen. Für die Berechnungen sind dabei ein
Guthabenzins sowie ein Finanzierungszins von fünf Prozent p. a. angenommen
worden.

Dieses oftmals in den Betriebswirtschaften propagierte Vorgehen stellt einen insgesamt guten Ansatz dar, um Lösungsansätze zu vergleichen, die sich stark in der zu erwartenden Zeitlichkeit der Umsetzung unterscheiden. Dennoch besteht tendenziell die Gefahr der Überinterpretation: So können sich teilweise sehr unterschiedliche Beurteilungen ergeben, je nachdem, welche Zinssätze den Berechnungen zugrunde gelegt werden. Daher empfiehlt es sich, vor einer endgültigen Entscheidung die Stabilität der Aussagen im Hinblick auf unterschiedliche Zinsannahmen zu prüfen. Ferner – und dies ist vielleicht am schwerwiegendsten – setzt die Methode sehr detaillierte Informationen über zukünftig zu erwartende Zahlungsflüsse voraus.

Hierbei gilt allerdings leider wie so oft: Nichts ist schwerer vorherzusagen als die Zukunft! Aufgrund der in Summe sehr zahlreichen erforderlichen Annahmen bleibt es daher wichtig, sich trotz der hohen Überzeugungskraft von Zahlen über die stets verbleibende Unsicherheit bewusst zu werden.

3.5.4 Systematische Integration von Lösungsalternativen (SIL)

Ursprünglich ist die **SIL-Methode** entwickelt worden, um Innovationsansätze auch für komplexere Fragestellungen zu entwickeln. Die Methode lässt sich jedoch auch noch auf etwas abgewandelte Weise einsetzen: Hat man sich für einen oder wenige Lösungsansätze entschieden, so kann mittels SIL zusätzlich versucht werden, Vorteile beziehungsweise positive Eigenschaften der **abgewählten Lösungsansätze** in die zu realisierenden Ansätze zu integrieren, um die eigentlich ausgewählte Lösung dadurch noch weiter zu verbessern und das insgesamt vorher generierte Ideenpotenzial noch besser auszunutzen.

SIL kann dazu in drei Schritten umgesetzt werden: Im ersten Schritt werden aus den bisher abgelehnten Lösungsansätzen die jeweils besten ca. drei bis fünf Ansätze zusammengestellt. Anschließend wird in einem zweiten Schritt für jeden dieser Ansätze herausgearbeitet, in welcher Hinsicht dieser Ansatz heraussticht beziehungsweise sich besonders positiv auszeichnet. Diese besonders positiven Merkmale werden dann auf einem etwas höheren Abstraktionsniveau zusammengefasst. Im letzten Schritt wird dann gemeinsam diskutiert, wie die herausgearbeiteten, besonders positiven Merkmale in die zu realisierende Lösung integriert werden können. Dabei können sich teilweise auch mehr oder weniger neue, ergänzende Lösungsansätze ergeben, sofern sie zumindest das gleiche abstrahierte Merkmal umfassen.

Die SIL-Methode ermöglicht, das normalerweise brachliegende Know-how, das in nicht weiter verfolgten Ansätzen liegt, aufzugreifen und zu nutzen. Allerdings stellt SIL oftmals aufgrund des erforderlichen Abstraktionsvermögens und der notwendigen Breite der Überlegungen auch erhöhte Anforderungen an das Team, insbesondere an den Moderator der Teamdiskussion. Die **Abbildung 3.15** zeigt ein Beispiel einer Anwendung der SIL-Methode im Rahmen eines Workshops für eine Lokalzeitung.

Abbildung 3.15   Ergebnisse eines Workshops zur Anwendung der SIL-Methode

Wie kann eine Lokalzeitung modernisiert werden, um für Leser noch attraktiver zu werden?

Bislang gewählter Lösungsansatz: Ausblick auf Lokalberichte bereits auf Titelseite aufnehmen, um besonderen lokalen Fokus gegenüber überregionalen Tageszeitungen zu betonen

Nicht gewählte Lösungsansätze	Besonders gut daran ist	Integrationslösung
1. Rubrik Leser-Sprachrohr einführen, um Meinungen der Leser zur Diskussion zu stellen	1. Verstärkte Verzahnung mit Leserschaft	1. Zusätzlich zum gewählten Ansatz im Regionalteil regelmäßig Bevölkerungsumfragen zu den berichteten Lokalthemen
2. Einzige Zeitung werden, die letzte Seite für Todesanzeigen reserviert	2. Besondere Berücksichtigung der Interessen von Hauptkundengruppen (hier: Silver Agers)	2. Zusätzlich zu 1. an drei Wochentagen wöchentliche Themenseiten für drei verschiedene Alters-/Lesergruppen (z. B. junge Erwachsene, Familien, aktive Ältere)
3. Aktion Weltrekord längste Zeitung – einmalig eine ein Kilometer lange Zeitung drucken und in Fußgängerzone auslegen	3. Innovativer Marketingansatz, der eventuell sogar noch eigene Deckungsbeiträge generieren könnte (z. B. durch Sondervermarktung der riesigen Druckflächen)	3. Frisch auf den Tisch: Zusätzlich zu 2. innerhalb des eigenen Austragungsgebietes für Abonnenten (kostengünstigen) Frische-Lieferservice für Brot/Brötchen/Frühstücksbedarf anbieten

3.6   Leitfaden zur Selbstreflexion: Analysieren & Entscheiden

Hat Ihr Unternehmen ein Unternehmensleitbild (Vision, Mission, Werte)? Können Ihre Mitarbeiter für sich selbst erklären, wie sich dieses Unternehmensleitbild in ihrem Alltag auswirkt?

Sind in den vergangenen drei Jahren Innovationsaktivitäten auch außerhalb der klassischen Entwicklungs- und Produktionsbereiche initiiert worden beziehungsweise werden solche aktuell geprüft?

Werden Innovationsaktivitäten systematisch in Bezug auf das Unternehmensleitbild gebracht beziehungsweise darauf aufbauend entwickelt?

Kennen Mitarbeiterinnen und Mitarbeiter die Bedeutung ihrer Tätigkeiten für das Gesamtbild des Unternehmensleitbildes?

Findet – zum Beispiel jährlich – eine systematische Analyse und Definition notwendiger Innovationsrichtungen statt?

Wird dieser Analyse- und Entscheidungsprozess mit Vertretern unterschiedlicher Unternehmensbereiche, eventuell sogar mit einem dem Unternehmen nahestehenden Außenstehenden, durchgeführt?

Wird für Ideen/Lösungsansätze, die aktuell **nicht** umgesetzt werden sollen, gezielt eine der vier möglichen Verwendungsalternativen definiert und umgesetzt?

4   Initiieren & Mobilisieren

Manfred Storm

Nun konnte die Versammlung beginnen. Zeus sprach die einleitenden Worte und bat dann Hermes, die Sachlage zu erklären. Er hatte ein paar der vertrockneten Pflanzen mitgebracht und versucht, der Versammlung zu erläutern, welche Konsequenzen es haben könnte, wenn die Ambrosiaproduktion nicht mehr die erwarteten Erträge liefern würde.

Aber bevor er in Ruhe seine Ausführungen beenden konnte, brach Tumult aus. Am lautesten gebärdete sich Ares: „Selten habe ich solch eine aufgeblasene Geschichte gehört. Klimaveränderungen hat es schließlich immer schon gegeben, und das hat sich auch wieder eingependelt. Wir leben seit Urzeiten auf dem wolkenverhangenen Olymp; so war es, so ist es, und so wird es auch bleiben. Außerdem war auch ich längere Zeit auf Erden und habe nur florierende und expandierende Länder gesehen. Und wenn die Menschen wirklich unsere Produktion gefährden, dann ist es für mich ein Leichtes, sie zur Raison zu bringen."

Poseidon schwang seinen Dreizack und pflichtete Ares bei: „Auf meine Unterstützung kannst du zählen, ich werde das meine tun, um die Menschen vom Meer aus zu bekriegen. Ein paar Seebeben, gewaltige Meeresungeheuer an den Touristenstränden, ...", seine Augen blitzten vor Wonne.

Aphrodite sagte nur einen Satz: „Make love, not war!"

Auch Dionysos, der leicht angeheitert wirkte, meldete sich zu Wort: „Keine Ambrosiaproduktion mehr, kein Wein, Weib und Gesang! Das klingt mir doch sehr nach wilden Spekulationen und Panikmache! Hermes, hast du vielleicht Liebeskummer?"

Jetzt mischte sich auch Zeus ein: „Hermes, kannst du beweisen, dass das auch stimmt, was du uns erzählst?"

Die blauäugige Athene, die die ganze Zeit schon unruhig auf ihrem Stuhl hin und her rutschte, konnte nicht länger still sein: „So geht das nicht! Wenn wir 100-prozentige Beweise abwarten, ist es vielleicht zu spät zum Handeln. Wir stehen vor einer Katastrophe und tragen schließlich unserem Unternehmen und unseren Mitarbeitern gegenüber Verantwortung.

Ich möchte euch inständig bitten, nicht eure Muskeln spielen zu lassen, sondern euren Intellekt.

Mit Streitereien und Schuldzuweisungen kommen wir nicht weiter. Lasst doch bitte Hermes seinen Vortrag zu Ende bringen und hört euch dann Demeters Beobachtungen an, denn sie ist dem Geschehen am nächsten."

Hermes schaltete den Beamer ein und zeigte ein paar Videos mit eindrucksvollen Bildern. Es wurde auf einmal sehr still im Saal, und d Empörung wurde Erschrecken.

Bevor Ares eine weitere Attacke reiten konnte, meldete sich Demeter zu Wort und erzählte von ihren Beobachtungen.

Auf einmal war ein Schluchzen von Hera zu hören: „Zeus, das kann doch nicht wahr sein, ich will nicht arm werden, tu doch etwas, sprich ein Machtwort!"

Hephaistos, der die ganze Zeit sehr aufmerksam zugehört hatte, wendete sich an seine Mutter und wies sie zurecht. „Es geht hier nicht in erster Linie um deinen Wohlstand, sondern dies ist ein Problem, das unser aller Existenz bedroht, und mit Machtworten ist hier nichts auszurichten. Auch ich habe mir in der letzten Zeit Sorgen gemacht, denn es war offensichtlich, dass unsere Produktion langsam, aber stetig zurückging, was wir bisher gut mit unserer Lagerhaltung ausgleichen konnten. Aber das können wir höchstens noch ein paar Monate durchhalten, und was dann?"

Alle blickten ratlos. Dionysos mischte sich ein weiteres Mal ein. „Ja, vielleicht ist ja etwas dran, aber, ..."

Er wurde von Zeus unterbrochen: „Wer bis nächste Woche stichhaltige Gegenbeweise vorbringen kann, der sollte es tun. Ich schließe hiermit die Sitzung, und wir treffen uns nächsten Samstag um die gleiche Zeit."

Die Woche verging mit hektischen Aktionen. Hermes traf sich ein weiteres Mal mit Athene und Demeter. „Wie können wir mit diesem zerstrittenen Haufen denn zu sinnvollen Ergebnissen kommen?" fragte Hermes seine Vertrauten. „Ja, wie können wir es schaffen, dass nicht jeder in eine andere Richtung rudert, sondern alle in die gleiche?", pflichtete Demeter ihm bei.

„Vielleicht sollten wir Harmonia bitten, die Sitzung zu moderieren, sie gehört erstens nicht zur Firmenleitung, sie kann zweitens gut mit ihrem kriegerischen Vater Ares und ihrer gefühlvollen Mutter Aphrodite umgehen und ist drittens gewohnt, auch ihre Geschwister Deimos, den Schrecken, und Phobos, die Furcht, in ihre Schranken zu weisen."

Zeus, der sich der ganzen Sache nicht mehr so recht gewachsen fühlte und gänzlich damit beschäftigt war, die klagende und völlig aus dem Lot geratene Hera zu besänftigen, war froh über die Idee, von Harmonia Unterstützung zu bekommen.

Zu Sitzungsbeginn war die Atmosphäre bereits zum Äußersten gespannt, und alle redeten durcheinander.

Zeus donnerte einmal kurz in den Saal, und es wurde ruhig. „Hat jemand stichhaltige Gegenbeweise vorzutragen?" fragte er. Er blickte in einige verlegene Gesichter, aber niemand meldete sich zu Wort.

„Ungewöhnlich dramatische Entwicklungen erfordern auch ungewöhnliche Maßnahmen. Ich werde für diese Sitzung das Zepter an Harmonia übergeben, was nicht bedeutet, dass diese für die Ergebnisse verantwortlich ist, aber dafür, dass wir überhaupt zu Ergebnissen kommen. Harmonia, du hast das Wort."

Harmonia war äußerst aufgeregt, sprach sie doch zum ersten Male in diesem hohen Haus. Aber sie hatte sich sehr gut vorbereitet und würde ihr Bestes geben. Sie atmete ein paar Mal tief durch, stand auf, ließ ihren Blick über die Versammlung schweifen, dann blickte sie zu ihrer Mutter Aphrodite, die ihr zustimmend und ermutigend zulächelte, und auch zu ihrem Vater, der sichtlich stolz war, sie in dieser Rolle zu sehen und der ihr zunickte, als wollte er ihr sagen: „Das schaffst du schon!". Sie sprach frei und versuchte so ruhig und laut wie möglich zu reden und ihre Augen auf das Auditorium zu richten.

„Ihr alle wisst, worum es geht. Stellt euch bitte vor, ihr alle zusammen hättet etwas völlig Unbekanntes und Neues zu bewältigen, von dem ihr noch keine Lösung kennt. Zum ersten Mal müsst ihr euch mit der Zukunft beschäftigen.

‚Die Zukunft hat viele Namen:
Für die Schwachen ist sie das **Unerreichbare**,
für die Furchtsamen das **Unbekannte**
und für die Tapferen die **Chance**.' ([18])

Und wenn Männer und Frauen sich bisher in ihren heroischen Taten durch Tapferkeit auszeichnet haben, dann seid es ihr."
Alle nickten zustimmend.

„Aber ihr habt euch bisher immer nur auf euch selbst verlassen, konntet und musstet euch auch nur auf euch selbst verlassen, denn ihr wart beständig von Mord und Totschlag bedroht. Es war vor allem der Kampf eines jeden gegen jeden, der euch erfolgreich gemacht hat."

Alle hörten ihr gespannt zu und fühlten sich verstanden.

„Aber heute stehen wir vor einer völlig anderen Situation. Wir stehen vor gewaltigen Herausforderungen. Für unsere Überlebensfähigkeit reichen Kraft und Gestaltungswille Einzelner nicht mehr aus. Wir brauchen das Mitdenken, Mitplanen, Mitentscheiden und Mitmachenwollen von allen. Wir können auf niemanden verzichten.

Denkt nur an Odysseus, der mit seinen zwölf Getreuen durch das Thrakische Meer segelte. Nie hätten sie die Gefahren gemeistert, wenn sie sich gestritten hätten. Nur weil sie sich vertrauten und gegenseitig unterstützten, konnten sie alle Energie für die Aufgabe verwenden. Und nun frage ich euch: Was müssen wir tun, um ein Klima zu schaffen, in dem neue Herausforderungen gelingen können?"

Jetzt meldete sich Aphrodite zu Wort: „Ihr müsst Missachtung, Abwertung, Angst, Schuldzuweisungen und vor allem die Machtkämpfe lassen können und statt dessen den anderen das geben, was wir alle brauchen, um motiviert und kooperativ zu sein: Anerkennung, Wertschätzung, Interesse und Verständnis. Ich bin voll und ganz bereit mitzuarbeiten."

Ares, der immer ein wenig um die Gunst seiner Tochter buhlen musste, wollte und konnte nicht hinter Aphrodite zurückstehen, aber da er wirklich kein Mann von vielen Worten war, beschränkte er sich auf einen Satz: „Ich denke, wir brauchen eine starke Führungspersönlichkeit, die kämpfen kann, auf mich könnt ihr zählen." Im Saal machte sich eine Art Unruhe bemerkbar und man hatte den Eindruck, dass die Vorstellung, Ares wollte sich in Zukunft eine leitende Position sichern, den meisten nicht besonders gefiel. Und so war es gut, dass Zeus sich das Wort nahm: „Nun mal langsam, Ares, es ist schön, auf deine Unterstützung rechnen zu können, aber über Positionen werden wir später reden."

Harmonia sah ihren Großvater herausfordernd an: „Und wie ist deine Meinung?" „Ach, Kind, du stellst schwierige Fragen. Was du sagst, klingt nicht schlecht, aber es ist nicht so meine Welt. Es klingt mehr nach einer Sozialstation mit diesem ‚seid nett zueinander', so kann man doch kein Unternehmen führen! Da braucht es doch eine starke Hand, die die Richtung vorgibt und durchgreift." Hera sah entzückt und voller Stolz zu ihrem Gatten. So liebte sie ihn, stark und unabhängig und sich mit seiner sonoren Bassstimme Respekt verschaffend. Im Saal nickten einige zustimmend.

Aber Harmonia ließ sich diesmal nicht einschüchtern. Sie ging einen Schritt auf Zeus zu, blickte ihm in die Augen und fragte mit ruhiger Stimme: „Und welche Richtung schlägst du vor?"

Alle Augen waren gespannt auf den obersten Herrscher gerichtet. Zeus räusperte sich, machte eine ausladende Handbewegung, blickte nach oben, als wären dort vielleicht Antworten zu finden und sagte dann: „Man könnte, nein, man sollte, nein, man müsste, ..." Er legte eine Pause ein und dann kam ein Satz, den noch niemand aus dem Mund des Gottes aller Götter gehört hatte: „Ich weiß es nicht."

Im Saal schien es, als würden alle den Atem anhalten.

„Vor einer Situation wie dieser sind wir noch nie gestanden. Vielleicht hast du ja Recht, Harmonia, auch wenn es mir schwer fällt, sehr schwer sogar, will ich doch versuchen, den neuen Weg zu unterstützen."

Harmonia sah den großen Mann in seiner Hilflosigkeit fast liebevoll an, dankte ihm und fragte dann in die Runde, ob es jemanden gäbe, mit dessen Unterstützung nicht zu rechnen wäre. Niemand erhob die Hand.

„Dann lasst uns zum nächsten Punkt kommen und gemeinsam überlegen, welches Bild einer Zukunft wir entwerfen können und welche Ziele sich daraus ableiten lassen, denn wie Seneca richtig sagte: Einem Schiff, das seinen Hafen nicht kennt, ist kein Wind günstig. Also, was sind eure Visionen für die Zukunft?"

Alle sahen sich ratlos an. Zukunft, Visionen?

„Dass wir weiter so leben können, ist das eine Vision?"

„Eine Vision ist wie ein Traum einer gewünschten Zukunft, ein Traum, der uns beflügelt, der Begeisterung weckt und uns die Energie gibt, auch Anstrengungen auf uns zu nehmen. Eine Vision ist wie eine Flamme, die das Feuer in uns entzündet", versuchte Harmonia zu erklären.

Artemis Augen leuchteten: „Meine Vision ist die von großen Wäldern und riesigen Jagdgebieten, aber auch von ..."

Sie wurde von Athene unterbrochen: „Ich denke, wir sollten eine Vision dafür entwickeln, wie wir alle zusammen in Zukunft unsere Existenz sichern können."

„Da würde mir auch etwas einfallen", entgegnete Artemis, „Wir könnten doch einen Wildpark aufbauen, in den wir alle Tiere, die vom Aussterben bedroht sind, bringen, Wölfe und Bären zum Beispiel oder tasmanische Teufel. Apollon, wie findest du das?" Ihr Zwillingsbruder, der sich mehr für Kunst interessierte, sah sie schmunzelnd an und meinte: „Naja, gar nicht so schlecht, aber ich würde gern auch mal selbst ein Museum leiten oder ein Orchester gründen. Ich könnte mir aber auch vorstellen, als Wahrsager mein Geld zu verdienen."

„Und unsere Firma?" fragte Dionysos mit vor Schrecken geweiteten Augen, „ich denke, dass doch unser ganzes Know-how und unsere Stärken und unser bisheriger Erfolg in der Ambrosiaproduktion liegen. Wir werden doch nicht etwa all das aufgeben wollen?" „Und noch dazu unsere Gemeinschaft", fügte Athene hinzu.

Zeus, der sich inzwischen wieder etwas gefangen hatte, stimmte ihm zu. „Ich kann mir auch keine Vision vorstellen ohne die Geschäftsbasis der Olymp GmbH & Co. KG."

Die meisten Beteiligten nickten. Harmonia ergriff wieder das Wort und bat um eine Abstimmung: „Wer stimmt für diesen Vorschlag?" Alle hoben die Hand, auch Artemis und Apollon, obwohl etwas zögerlicher.

„Dann lautet unsere Fragestellung also: Wie können wir die Existenz unserer Firma sichern? Ich schlage vor, dass wir folgendermaßen vorgehen: Lasst uns erst Kriterien entwickeln anhand derer wir dann unsere Ideen beurteilen können."

Nach einer längeren, hitzigen Diskussion einigte sich das Gremium darauf, dass die Ideen beurteilt werden sollten, das heißt, sie müssten realisierbar und finanzierbar sein, an den Stärken der Firma ausgerichtet und langfristig die Überlebens- und Wettbewerbsfähigkeit sichern. Nach einer Pause trafen sich alle wieder, und Harmonia bat um Vorschläge, wie denn das Problem gelöst werden könnte.

Als Erster meldete sich Hermes zu Wort und berichtete über eine Konferenz von Forschern, vor allem von Geoingenieuren, die sich in einem kalifornischen Küstenstädtchen getroffen hatten. Diese diskutierte über Möglichkeiten, das Erdklima zu manipulieren.

„Zweierlei wurde zur Diskussion gestellt. Erstens die Sonneneinstrahlung abzuschwächen, etwa mit Hilfe von Partikeln in der Atmosphäre, im Prinzip wie durch einen Vulkan, oder Treibhausgase zu binden, etwa durch Ozeandüngung, im Prinzip wie bei einer Algenpest. Erste Versuche laufen bereits, und es gibt Überlegungen, mit welchen Flugzeugtypen man am besten Vulkan spielen kann."

Apollon empörte sich: „Tonnenweise Ruß in die Luft zu schießen, das ist doch absurd!"

Poseidon: „Meinen Ozean mit Algen zu verpesten, das wäre ja noch schöner, da würde ich nie und nimmer zustimmen!"

Harmonia: „Was gibt es denn noch für andere Ideen, bevor uns der Himmel auf den Kopf fällt oder uns das ganze System um die Ohren fliegt?"

Hephaistos, der zu Beginn der Sitzung einen riesigen Karton angeschleppt und damit große Verwunderung ausgelöst hatte, unterbreitete seinen Vorschlag: „Ich habe intensiv nachgedacht und ein kleines technisches Modell entwickelt, das den Olymp vor den Sonnenstrahlen schützen könnte."

Er griff in den Karton und förderte ein interessant aussehendes Modell zutage, das den Olymp wie unter einer Art riesiger Glaskuppel zeigte, die an den deutschen Reichstag erinnerte und den ganzen Berg umspannte. In die Glaskuppel waren spiegelnde Flächen eingebaut. „Was ist denn das?", wollte Aphrodite wissen. „Das wollte ich gerade erklären: Ich habe ein solarbetriebenes Kühlsystem entwickelt. Solarzellen speichern dabei die Energie der Sonne und wandeln sie in Kühlung um. Auf diese Weise könnten wir die Innentemperatur unter der Kuppel regulieren."

„Das klingt doch fantastisch", jubelte Hera, „immer die gleiche Temperatur, kein Sturm und Hagel, kein Sonnenbrand, ich glaube, das würde mir gefallen." Aber prompt wurde ihr von Apollon über den noch nicht ganz geschlossenen Mund gefahren: „Hephaistos, bei allem Respekt, aber glaubst du wirklich, dass wir durchklimatisiert wie unter einer Käseglocke leben wollen?"

Artemis pflichtete ihm bei: „Auf solch ein Leben möchte ich gern verzichten. Ich liebe Regen und Wind und die sich verändernden Jahreszeiten. Ich käme mir vor wie im zoologischen Garten."

Harmonia: „Lasst uns doch erst einmal alle Vorschläge hören und anschließend darüber diskutieren. Demeter, da wäre noch dein Vorschlag,
auf die Erde umzuziehen. Kannst du etwas dazu sagen?"

„Auch ich habe Tage und Nächte damit verbracht, mir zu überlegen, was
wir denn tun könnten. Wenn wir nicht mehr auf dem Olymp produzieren
können, und davon bin ich ausgegangen, dann gibt es nur einen Planeten,
auf dem Wachstum überhaupt möglich ist, und das ist die Erde."

Ares sprang empört von seinem Sitz auf: „Auf die Erde umziehen? Wer
kommt denn auf solch eine absurde Idee? Das wäre ja, als wenn die Adler
sich entscheiden würden, auf dem Hühnerhof zu leben."

„Nun mal langsam, Ares, ich denke, dass man auf dem blauen Planeten
gar nicht so schlecht leben kann. Mir jedenfalls gefällt es dort unten sehr
gut, ich finde es wesentlich aufregender als bei uns oben", entgegnete ihm
Hermes. „Und ich kenne übrigens einige von uns, die sich auch ganz gern
in jenen Gefilden herumtreiben."

„Ich denke, wir alle wissen, was das bedeuten würde: Auf der Erde
herrscht das Gesetz der Sterblichkeit, und Sterblichkeit bedeutet Wandel,
Veränderung, Geburt und Tod, dem auch wir dann unterliegen würden",
warf Zeus in die Diskussion ein, und wieder einmal herrschte für eine
Weile betretenes Schweigen.

„Oh nein", rief völlig aufgebracht Hera und wandte sich an Aphrodite:
„Kannst du dir vorstellen, wie deine Schönheit durch Falten und andere
körperliche Verfallserscheinungen zerstört würde? Und Zeus, denk nur
daran, dass du dann Rheumatismus, Zahnausfall und Rückenschmerzen
bekommen würdest, ganz zu schweigen von der Beeinträchtigung deiner
Zeugungskraft!"

Athene: „Lange habe ich darüber nachgedacht, und anfangs fand ich diese
Idee genauso schrecklich wie du, Hera. Ich habe mir diese Dinge in allen
Farben ausgemalt und vergoss viele Tränen. Aber dann kamen mir auch
andere Gedanken. Wie ist denn unser Leben seit Tausenden von Jahren?
Wir leben von der Erinnerung an unsere großen Taten, und wie lange liegen diese zurück? Und was hat sich seither ereignet? Nichts! Nichts hat
sich bewegt, nichts verändert, wir leben von der Vergangenheit. Wir sind
schon längst wie tot.

Nun haben wir die einmalige Möglichkeit, wieder lebendig zu werden, wieder Risiken einzugehen, zu zeigen, wozu wir heute noch fähig sind. Mir ist völlig klar, dass wir immense Schwierigkeiten zu meistern haben, aber das Leben wäre wieder eine Herausforderung und würde wieder aufregend."

Harmonia griff erneut in die Diskussion ein, indem sie sich für die verschiedenen interessanten Vorschläge bedankte und nach weiteren Ideen fragte. Niemand meldete sich zu Wort.

„Wir haben nun drei verschiedene Problemlösungsvorschläge auf dem Tisch. Ich möchte jetzt die Arena freigeben für die Diskussion und hoffe, dass wir zu einem Entschluss kommen."

Es wurde ein langer Abend, denn jeder wollte und sollte mit seiner Meinung, seinen Ängsten und Nöten, seinen Hoffnungen und Träumen gehört werden. Zwischendurch kam es zu regelrechten Redegefechten, aber immer, wenn Argumente und Meinungen die sachliche Ebene verließen und in persönlichen Anschuldigungen mündeten, unterbrach Harmonia den Disput und erinnerte streng an die Regeln, die sie vereinbart hatten, dass jeder jedem zuzuhören hatte und dass jede Meinung gleich wichtig zu nehmen und wenn auch nicht geteilt, so doch zu akzeptieren war. Mit dem „ja, aber" hatten die meisten so ihre Probleme. Zum Beispiel wurde Ares ermahnt, als er anhob: „Deine Meinung, Athene, ist zwar interessant, aber ganz und gar unrealistisch", und aufgefordert, den Satz umzuformulieren in: „Dein Vorschlag, in den Wüsten Solarfarmen aufzustellen, ist interessant und sollte konkret durchgerechnet werden."

Die Abstimmung wurde dann doch auf den nächsten Tag verschoben, um jedem noch die Möglichkeit zu geben, darüber zu schlafen, bevor ein Votum abzugeben wäre.

Alle hatten sich inzwischen daran gewöhnt und fanden es auch hilfreich, dass Harmonia die Sitzungen moderierte. Sie waren erstaunt, wie sich die Art, miteinander umzugehen, in der kurzen Zeit verändert hatte.

Das Gefühl, in einem Boot zu sitzen, das dem Sturm und den Wellen ausgesetzt war und das nur durch gemeinsame Anstrengungen den Gefahren entgehen konnte, wurde generell geteilt, und sogar Hera gebärdete sich weniger zickig.

Am nächsten Morgen herrschte eine fast fieberhafte Stimmung im großen Konferenzraum. Wie würde die Abstimmung ausgehen?

Harmonia bat für den ersten Vorschlag, den der Klimamanipulation, um Handmeldungen: drei waren dafür, sieben dagegen und zwei enthielten sich der Stimme.

Ares, der dafür gestimmt hatte, war ein wenig enttäuscht, dass die Idee, Vulkan zu spielen und damit den gesamten Luftverkehr lahmlegen zu können, keine Mehrheit gefunden hatte.

Nun kam der Vorschlag von Hephaistos zur Abstimmung, den Olymp durch ein solares Kühlsystem vor der Sonneneinstrahlung zu schützen. Es wurde eine grobe Kostenanalyse präsentiert, die nicht nur die Investitions-, sondern auch die Folgekosten berechnet hatte, und im Endergebnis wurde diese Idee zwar als technisch faszinierend, aber als schlichtweg zu teuer befunden. Die zusätzlichen Kosten wären nur durch eine Verdoppelung der Preise zu decken gewesen.

Sogar Zeus sparte nicht an Lob für den innovativen Geist seines Sohnes Hephaistos, und obwohl seine Idee keine Mehrheit bekommen hatte, strahlte dieser über das ganze Gesicht.

„Ich denke, wir werden deine Fähigkeiten für das, was wir uns vorgenommen haben, noch gut gebrauchen können", fügte Zeus noch hinzu und klopfte ihm anerkennend auf die Schulter.

Nun war klar, dass als einzige Möglichkeit nur noch der Umzug auf den Planeten Erde zur Debatte stand.

Das Ergebnis, das zustande kam, sah folgendermaßen aus: Sieben Stimmen für den Vorschlag, eine dagegen und vier Enthaltungen.

Es war also noch einiges an Überzeugungsarbeit zu leisten, um alle ins Boot zu holen. Am schwierigsten würde es wohl werden, damit umzugehen, althergebrachte Privilegien aufzugeben und die Ängste vor dem Unbekannten zu überwinden.

„Wie sollen wir vorgehen?", fragte Harmonia die versammelten Gottheiten „Ich denke, unsere Mägen verlangen nach Nahrung, sollten wir nicht erst einmal speisen?", schlug Zeus vor, und diesmal stimmten alle begeistert zu.

Hera war von ihrem Göttergatten beauftragt worden, ein exquisites Essen zu organisieren, und kurz darauf saßen alle um die große Tafel und genossen bei lebhafter Unterhaltung das opulente Mahl. Nach einem gemeinsamen Spaziergang trafen sich alle wieder im Sitzungssaal.

4.1 Handlungsbedarf zur Vorbereitung von Veränderungsprojekten

Schon vor rund 500 Jahren war bekannt, wie zwiespältig Menschen Veränderungen gegenüberstehen:

„Man muss sich darüber im Klaren sein, dass es kein schwierigeres Wagnis,
keinen zweifelhafteren Erfolg und keinen gefährlicheren Versuch gibt,
als eine neue Ordnung einzuführen.

Denn jeder Neuerer hat alle die zu Feinden,
die von der alten Ordnung Vorteile hatten,
und er hat an denen nur laue Verteidiger,
die sich von der neuen Ordnung Vorteile erhoffen.
Diese Lauheit kommt zum Teil von der Furcht vor den Gegnern,
... teils von dem Misstrauen der Menschen,
die wirkliches Zutrauen zu den neuen Verhältnissen erst haben,
wenn sie von deren Dauerhaftigkeit durch Erfahrung
überzeugt worden sind.

Daher kommt es, dass die Feinde der neuen Ordnung
diese bei jeder Gelegenheit mit aller Leidenschaft angreifen
und die anderen sie nur schwach verteidigen ..."
(Machiavelli 1513)

In diesem Kapitel geht es daher darum, bereits in der sogenannten **frühen Phase** von Veränderungsvorhaben, insbesondere bei Innovationsprojekten, die Grundlagen dafür zu schaffen, dass entsprechende Projekte im weiteren Verlauf erfolgreich umgesetzt werden können.

Dabei sei noch angemerkt, dass erfahrungsgemäß Vorhaben außerhalb der meist gewohnten technischen Vorhaben (Produktinnovationen) höhere Risiken des Scheiterns bergen.

Abbildung 4.1   Akzeptanzmatrix

(Quelle: [20])

Mit diesem Fokus auf die Frühe Phase von Veränderungsvorhaben konzentriert sich das Kapitel auf die Frage, was bereits im Vorfeld – vorausschauend – getan werden kann, um durch eine bewusst gestaltete Projektinitiierung die Erfolgsaussichten zu steigern.

Dass es hier Handlungsbedarf gibt, wird auch deutlich, wenn man die Ergebnisse von Studien betrachtet. **Abbildung 4.1** zeigt eine typische Verteilung grundlegender Verhaltensmuster von Betroffenen zum Beginn von Veränderungsprozessen.

Wie unschwer aus in der Graphik abgebildeten Akzeptanzmatrix zu erkennen ist, unterstützen selbst im besten Fall, das heißt wenn sowohl im Projektvorhaben als auch für den Betroffenen nur geringe Risiken zu erwarten sind, nur ein geringer Anteil der Mitarbeiter das Projekt tatsächlich aktiv. In allen anderen Konstellationen sind dagegen innerhalb des Projektverlaufs deutlich erhöhte Anteile von Bedenkenträgern, wenn nicht sogar von Bremsern oder gar Verhinderern zu erwarten.

4.2 Ursachen von Bedenken und Unsicherheiten

Mehrere Gründe führen zu Bedenken und Unsicherheiten:

Zum einen trägt sicher der **aktuelle Zeitgeist** in Unternehmen hierzu bei. Dieser wird auch dadurch geprägt, dass die Frequenz, mit der Veränderungsvorhaben initiiert werden, in vielen Unternehmen erhöht wird und die Betroffenen den Überblick darüber verlieren, welches Vorhaben gerade das aktuellste ist.

Abbildung 4.2 Ausmaß von Veränderungen aus Sicht von Entscheidern und aus Sicht von Mitarbeitern

Entscheider-ebene

Wahrnehmung persönlicher Betroffenheit

Zeit

Mitarbeiter-ebene

Zeit

Oftmals werden sogar neue Vorhaben gestartet, bevor laufende Projekte abgeschlossen sind und sich deren Wirkung hat entfalten können. Zudem kann, wenn
mehrere Initiativen gleichzeitig gestartet werden, kaum mehr nachvollzogen
werden, welche Einzelwirkung von welcher Initiative ausgeht.

Wenn dann noch negative Erfahrungen aus laufenden Projekten auf die aktuellen
Vorhaben projiziert werden, sinkt die Motivation, Projektaufgaben zu überneh-
men. Erschwerend kommt meist noch hinzu, dass diese neuen Aufgaben zusätzlich zum Tagesgeschäft zu erledigen sind.

Zum anderen muss auch berücksichtigt werden, dass die **persönliche Betroffenheit** der einzelnen Beteiligten sehr unterschiedlich wahrgenommen werden kann.
Was auf Entscheiderebene als kleiner Schritt wahrgenommen wird, kann, wie in
Abbildung 4.2 schematisch dargestellt, auf Mitarbeiterebene als großer Sprung
aufgenommen werden.

Gerade Führungskräfte sollten sich daher diese zu erwartenden Unterschiede in
der Wahrnehmung bewusst machen. Insbesondere rühren diese Unterschiede in
der Wahrnehmung oft daher, dass diejenigen Personen, die Veränderungen be-
schließen, meist am wenigsten von den Konsequenzen betroffen sind.

Ein Beispiel:

> Beschließt ein Unternehmen, Vertriebsaktivitäten zu überregionalisieren und
> durch entsprechende Präsenz mit dem vorhandenen Personal zu realisieren, so
> bedeutet dies oftmals, dass die Zentrale des Vertriebs an Ort und Stelle ver-
> bleibt, das heißt, dass von den direkten Folgen dieser Entscheidung die Mitar-
> beiter im Vertrieb stärker betroffen sein werden als die Vertriebsleitung.

Als weitere Erschwernis kommt dazu, dass in vielen Unternehmen die Angst vor
der **Unüberschaubarkeit möglicher Folgewirkungen und -verkettungen** bei den
Betroffenen zu Vorbehalten führt.

Auch dazu ein Beispiel:

> Frau Schulze entscheidet sich, in Zukunft gesünder zu leben. Wie sieht die
> Kette der Veränderungen aus?
>
> ▪ Zweimal pro Woche ins Fitness-Studio gehen.
>
> ▪ Ab sofort mit dem Fahrrad zur Arbeit fahren.
>
> ▪ Fünfzehn Minuten früher aufstehen.

- Ab sofort gesünder essen, das heißt Umstellung des gesamten Essverhaltens.

- Die Kosten für das Essen erhöhen sich.

- Bleibt der Partner bei seinen Essgewohnheiten, könnten hier Konflikte auftreten (Was wird gekocht? usw.).

- Der Partner macht sich abends eine dicke Pizza. Kann Frau Schulze widerstehen?

- Durch das gesündere Leben verändert sich ihre Figur, das heißt Frau Schulze benötigt neue Kleidung.

- Es entsteht Neid bei Bekannten und Freunden.

- Sie lernt beim Sport neue Leute kennen, mit denen sie gerne etwas unternimmt. Wie reagiert ihr Partner?

Diese Kette ließe sich noch unendlich verlängern.

Es steckt so gesehen nicht mal böser Wille oder fehlende Motivation hinter dem Verhalten, sondern fehlendes Vertrauen, fehlende Sinnhaftigkeit und schlechte Erfahrungen mit vorangegangen Projekten.

4.3 Voraussetzungen für den Erfolg von Veränderungsprojekten

Die Ergebnisse des Hernstein-Reports 2006 machen sehr anschaulich deutlich, was vor diesem Hintergrund Voraussetzungen für den Erfolg von Veränderungsprojekten sind (vgl. Abbildung 4.3):

Abbildung 4.3   Voraussetzungen für den Erfolg von Veränderungsprojekten

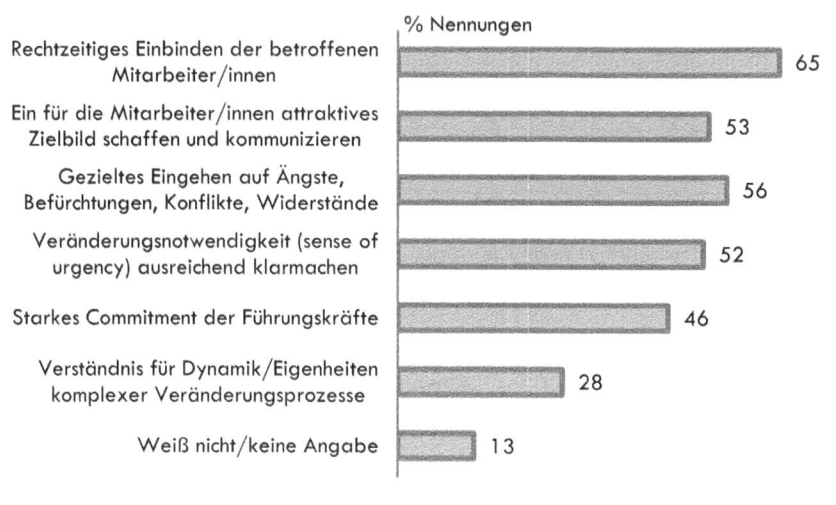

(Quelle: [21])

Bei genauerer Betrachtung der aufgeführten Erfolgsfaktoren wird deutlich, dass es darauf ankommt, in der frühen Phase von Veränderungsprojekten, das heißt von Anfang an, die Weichen richtig zu stellen.

Die frühe Phase bewusst zu gestalten, bedeutet vor diesen Hintergründen konkret;

■ den typischen Verlauf von Veränderungsprozessen zu kennen,

■ sich vorausschauend in die Situation der Betroffenen hineinzuversetzen und

■ sich systematisch auf die zu erwartenden Reaktionen vorzubereiten.

Dabei geht es um eine Ausgewogenheit von „Fördern und Fordern" der Veränderungsbereitschaft. Etwas moderner gesagt geht es nicht darum, die Betroffenen durch ein Projekt übermäßig zu betreuen, sondern klare Positionen hinsichtlich Notwendigkeit und Erwartungen zu beziehen, diese dann aber auch verlässlich so zu realisieren.

4.3.1   Stimmungs- und Motivationsverlauf innerhalb von Veränderungsprojekten

Aufbauend auf dem bisher Gesagten wird deutlich: Im Verlauf eines Veränderungsprojekts ist mit einem typischen Auf und Ab der Stimmungen der verschiedenen Projektbeteiligten und damit verbunden der Umsetzungsmotivation dieser Mitarbeiter zu rechnen.

Dabei lässt sich dieser typische Verlauf – je nach Stadium des Projekts – wie in **Abbildung 4.4** dargestellt in etwa zehn Phasen einteilen.

Abbildung 4.4   Phasen eines Veränderungsprojekts und typische Motivationslagen

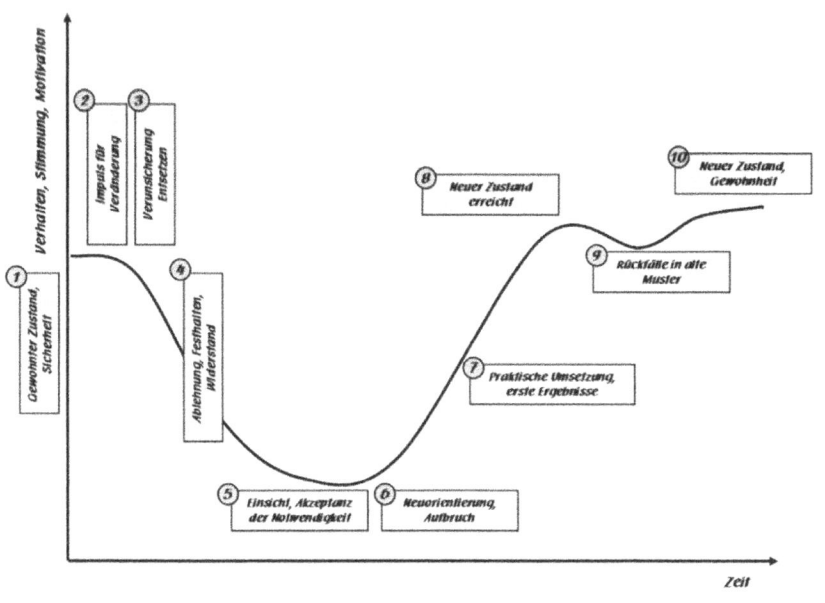

(Quelle: [23])

Dabei ergibt sich aus der Darstellung der Akzeptanzmatrix, dass je nach Vorhaben die gleichen Personen in unterschiedlichen Projekten ganz unterschiedlich reagieren können.

4.4 Einflussmöglichkeiten auf den Verlauf

Der Leitsatz „**Bereitschaft für Veränderung setzt Leidensdruck und Hoffnung voraus**" ist zwar sicherlich richtig, für die bewusste Initiierung von Veränderungsvorhaben lohnt sich aber eine etwas differenziertere Betrachtung.

Bei den meisten Veränderungsvorhaben wird sich dieser Verlauf mehr oder weniger ausgeprägt einstellen. Für die Initiatoren von Veränderungsvorhaben geht es daher darum, mit angemessenem Aufwand (Fordern und Fördern) diesen Verlauf vorausschauend zu betrachten und sich bewusst darauf vorzubereiten.

Abbildung 4.5   Einflussmöglichkeiten im Verlauf eines Veränderungsprozesses

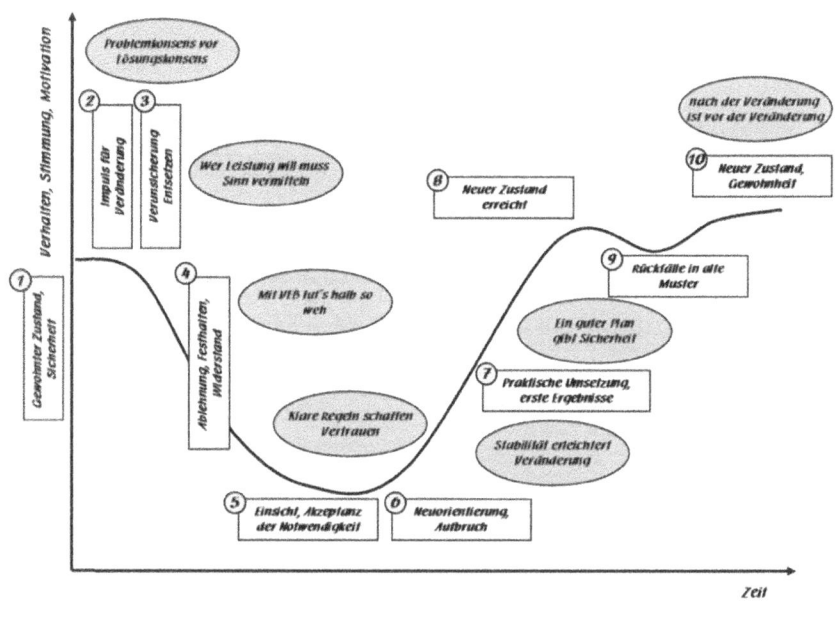

(Quelle: Weiterentwicklung aufbauend auf [23])

Die in **Abbildung 4.5** dargestellten Ansatzpunkte sollen dabei praktische und pragmatische Ansätze bieten. Im Folgenden beleuchten wir diese Ansatzpunkte nun Schritt für Schritt etwas näher.

4.5 Den Verlauf von Veränderungsprozessen vorausschauend betrachten und vorbereiten

4.5.1 Problemkonsens vor Lösungskonsens

Warum sollte jemand nach Lösungen suchen, sich engagieren und sich dann auch noch den dargestellten Herausforderungen der Veränderungen stellen, wenn für ihn kein Problem erkennbar ist?

Warum sollte jemand motiviert darangehen, eine Situation zu verändern, wenn die Notwendigkeit der Veränderung nicht nachvollziehbar ist?

Und: Wie kann an einem gemeinsamen Strang gezogen werden und eine gemeinsame Lösung angestrebt werden, wenn jeder eine etwas andere Sicht der Ausgangslage und der daraus resultierenden Problematik verinnerlicht hat?

Aus diesen Überlegungen leitet sich das Prinzip **Problemkonsens vor Lösungskonsens** ab.

Konkret bedeutet dies, dass zu Beginn sichergestellt wird, dass alle Projektbeteiligten eine gleiche oder zumindest sehr ähnliche Sicht der Ausgangslage einnehmen. Erst in einem zweiten Schritt wird dann diskutiert, welche Lösung wie erreicht werden kann beziehungsweise was mit der Umsetzung des Veränderungsprojekts auf welchem Wege erreicht werden soll.

Diese Reihenfolge hilft auch, bereits zu Beginn oftmals entstehende Dissonanzen zu vermeiden, die durch eine vorschnelle Diskussion von Lösungsansätzen ohne gemeinsame Problembasis sehr leicht entstehen können.

4.5.2 Wer Leistung will, muss Sinn vermitteln – Die Methode BIZEPS

Gerade wenn die beschriebene Problematik von Veränderungen aus Sicht der Betroffenen ernst genommen werden soll, besteht die wohl wichtigste Aufgabe bei anstehenden Veränderungen darin, die Sinnhaftigkeit der beschlossenen Veränderungen aufzuzeigen.

Auf den Punkt gebracht heißt das Motto:

„Wer Leistung will, muss Sinn vermitteln."

Was so einfach wie nachvollziehbar klingt, ist in der Praxis in vielen Fällen eine herausfordernde Aufgabe für Führungskräfte oder die Umsetzungsverantwortlichen. Die Methode **BIZEPS** soll einen Betrag dazu leisten, den Sinn anstehender Veränderungsvorhaben strukturiert zu vermitteln.

Darüber hinaus ist BIZEPS auch dazu geeignet, auf der Ebene der Entscheider und Initiatoren von Veränderungsvorhaben die Vorhaben als Ganzes und im Kontext mit der strategischen Relevanz zu reflektieren.

Die Methode besteht darin, dass die in **Abbildung 4.6** dargestellten, wesentlichen Fragen formuliert werden, durch deren Beantwortung anstehende Veränderungsvorhaben aus verschiedenen Blickwinkeln betrachtet werden können. So kann einerseits ein Bild vom gesamten Vorhaben gewonnen werden. Andererseits lässt sich dadurch ein Bild vermitteln, aus dem sich dann der Sinn für die Betroffenen und Beteiligten erschließen lässt.

Obwohl die einzelnen Fragen, die BIZEPS aufwirft, weitgehend selbsterklärend sein dürften, sei eine Anmerkung zum letzten Punkt, dem „S" in „BIZEPS" gestattet:

Gezielt fördert die Methode, dass neben rein sachlichen Aspekten auch emotionale Aspekte innerhalb des Projektverlaufs berücksichtigt werden. Daher regt die Methode auch dazu an, dass die Beteiligten beziehungsweise Betroffenen versuchen, sich in die Situation nach Projektabschluss zu versetzen und gedanklich das Gefühl zu erleben, dass das Veränderungsprojekt bereits erfolgreich abgeschlossen wäre. Dieses positive Erleben kann somit bereits „vorgezogen" werden und dadurch den Beginn sowie den weiteren Umsetzungsverlauf des Projekts stützen.

Übrigens sei zu diesem Zweck auch noch auf die bereits dargestellte Innovationslandkarte hingewiesen, die, wie schon erwähnt, ergänzend zu BIZEPS einen Weg darstellt, den Sinn konkreter Aktivitäten Einzelner für das Gesamtunternehmen (über ein einzelnes Veränderungsvorhaben hinausgehend) darzustellen.

Abbildung 4.6   Fragen der Methode BIZEPS

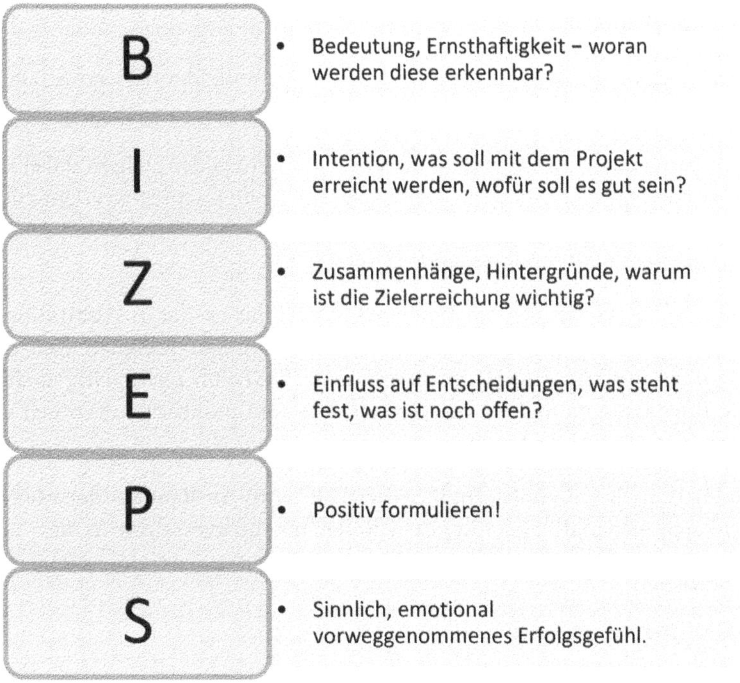

B	• Bedeutung, Ernsthaftigkeit – woran werden diese erkennbar?
I	• Intention, was soll mit dem Projekt erreicht werden, wofür soll es gut sein?
Z	• Zusammenhänge, Hintergründe, warum ist die Zielerreichung wichtig?
E	• Einfluss auf Entscheidungen, was steht fest, was ist noch offen?
P	• Positiv formulieren!
S	• Sinnlich, emotional vorweggenommenes Erfolgsgefühl.

(Quelle: nach Manfred Storm)

4.5.3   Mit VEB tut es halb so weh

Mit **VEB** ist die sogenannte **vorbeugende Einwandbehandlung** gemeint, die standardmäßig in Vertrieb und Verkauf zur Vorbereitung auf Verkaufsgespräche und Verhandlungen praktiziert wird. Dabei geht es darum, in Vorbereitung auf derartige Gespräche zu erkennen, welche Einwände und „Abers" zu erwarten sind und wie man darauf reagieren kann.

Die Erfahrung zeigt, dass ein guter Teil der Einwände, die in den Gesprächen genannt werden, vorhersehbar sind und dementsprechend große Chancen bestehen, sich mit angemessenen Argumenten darauf vorzubereiten.

Als Verantwortlicher für die Umsetzung von Veränderungsvorhaben geht es darum, sich in die Situation der betroffenen Personen hineinzuversetzen, um erkennen zu können, welche Bedenken, Widerstände oder Befürchtungen vorgebracht werden könnten.

Sind diese Argumente klar, fällt es auch leichter, im Vorfeld schlüssige Strategien im Umgang mit diesen Argumenten zu entwickeln.

Dieser vorbeugende Umgang mit zu erwartenden Einwänden steigert dabei nicht nur die Souveranität. Er gibt den Gesprächspartnern im Gesprächsverlauf zudem das Gefühl, dass sich die „Gegenseite" auf das Gespräch vorbereitet hat und sich mit dem Gesprächspartner auseinandergesetzt hat.

Als Methode zur vorbeugenden Einwandbehandlung ist die in **Abbildung 4.7** dargestellte „**Walt-Disney**"-**Methode** (siehe auch [9]) gut geeignet, weil diese Methode nicht nur hilft, Einwände zu erkennen. Sie liefert gleichzeitig auch Argumente für die Sinnhaftigkeit der Veränderung und praktische, eventuell auch neue Ideen für deren Umsetzung.

Ursprünglich als Kreativitätstechnik entwickelt, wird im Rahmen der Methode vorgeschlagen, sich in drei prototypische Rollen hineinzuversetzen: in die

■ des Kritikers,

■ des Realisten sowie des

■ Träumers.

Jede Rolle kann dabei wie in **Abbildung 4.7** dargestellt unterschiedliche Beiträge zum Veränderungsvorhaben liefern.

Abbildung 4.7   Elemente der Walt-Disney-Methode

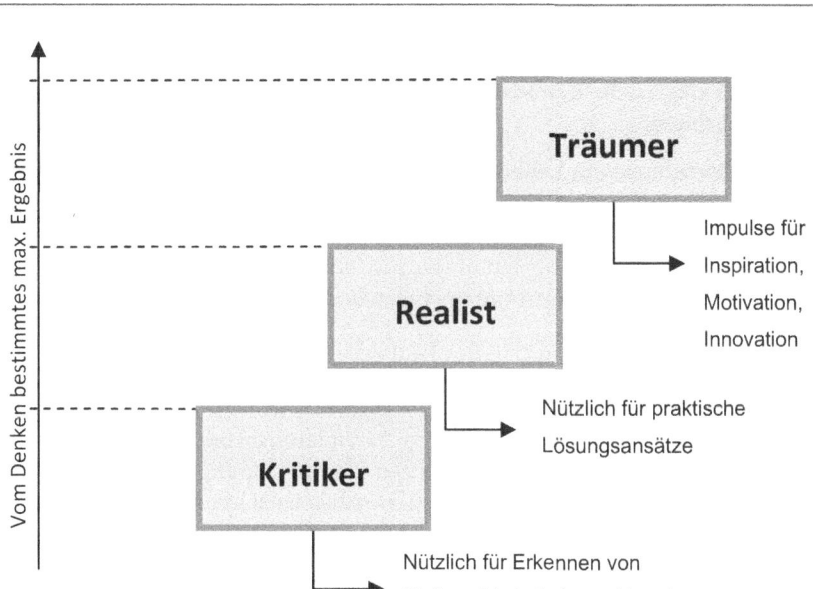

(Quelle: [9])

4.5.4   Klare Regeln schaffen Vertrauen

Für die Betroffenen von Veränderungsvorhaben stellt sich neben den inhaltlichen Aspekten der anstehenden Veränderung auch die Frage nach den Rahmenbedingungen und Regeln, innerhalb derer die Veränderung erfolgen soll. Ähnlich wie bei der vorbeugenden Einwandbehandlung ist es sinnvoll, als Verantwortlicher für die Umsetzung von Veränderungsvorhaben diese Rahmenbedingungen für die Umsetzung vorher zu klären und klar zu kommunizieren.

Die Fragen, die im Vorfeld zu klären sind, lauten:

- **Worauf können sich die Betroffenen** bei der Umsetzung des Veränderungsvorhabens **verlassen?**

- **Womit müssen die Betroffenen** bei der Umsetzung des Veränderungsvorhabens **rechnen?**

Ist im Unternehmen ein Leitbild – wie in den einführenden Kapiteln angesprochen – etabliert und wird dieses tatsächlich gelebt, so können die im Unternehmensleitbild verankerten Werte eine solide Basis bieten, auch wenn Veränderungsvorhaben vielschichtig und unterschiedlich sind und/oder im Laufe der Zeit oder gar gleichzeitig in einem Unternehmen durchgeführt werden.

Diese grundsätzlichen Elemente des Leitbildes haben den Anspruch, auch während Veränderungsvorhaben gültig zu bleiben.

Daher geht es bei der Vorbereitung von Veränderungsvorhaben im Grunde darum zu beschreiben, welche Konsequenzen die Anwendung dieser Werte für die Betroffenen im jeweiligen Veränderungsvorhaben nach sich ziehen, im positiven, aber im Zweifelsfall auch im negativen Sinn.

Hierzu ein Beispiel:

> **Geltender Wert:** „Wir arbeiten eng zusammen und teilen Wissen und Informationen im Unternehmen."
>
> **Mögliche Interpretation für das Veränderungsprojekt:** „Alle Seiten klären Beteiligte beziehungsweise Betroffene vorbehaltlos über zu erwartende Schritte und dahinter liegende Gründe so weit wie möglich auf; auftauchende Hindernisse oder Fehlentwicklungen werden frühzeitig und offen benannt, um effektiv Korrekturmaßnahmen durchführen zu können."

4.5.5   Stabilität erleichtert Veränderung

Je intensiver anstehende Veränderungen propagiert werden und je mehr Veränderungen auch noch gleichzeitig initiiert werden, umso schwieriger wird es für die Betroffenen, sich zu orientieren und von einer festen Basis aus die anstehenden Veränderungen mitzugehen.

Vor lauter Auseinandersetzung damit, was sich in Zukunft alles ändern wird, geht dabei oftmals **der Blick dafür verloren, was unverändert bleibt** und somit die Basis bildet, von der aus die Veränderung erfolgen soll.

Dabei wird, wie in **Abbildung 4.8** dargestellt, sehr oft übersehen, dass trotz größerer Veränderungen ein erheblicher Teil des Umfelds der Betroffenen gleich bleibt.

Abbildung 4.8   Schematisierter Umfang der Konstanten in einem Veränderungsprojekt

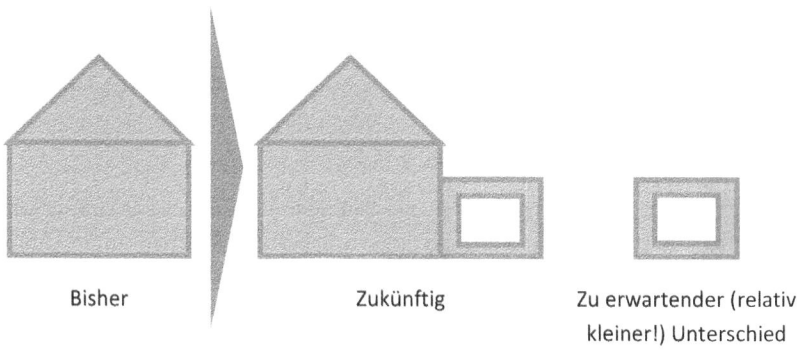

Bisher   Zukünftig   Zu erwartender (relativ
                                                    kleiner!) Unterschied

Ein Beispiel:

> Wird beispielsweise im Rahmen eines Veränderungsprojektes der Umgang mit bestimmten wiederkehrenden Reklamationsfällen neu definiert, bleiben dennoch wahrscheinlich alle Prozesse für den Umgang mit den (deutlich häufigeren) Standardfällen zumindest weitestgehend konstant.

Bei der Initiierung von Veränderungsvorhaben wirkt es deshalb positiv auf die Bereitschaft zur Veränderung, **wenn klar herausgearbeitet wird, was trotz Veränderung gleich bleibt.**

Insbesondere bei dieser Frage nach Stabilität trotz Veränderung geht es darum, eine gesunde Balance zwischen dem notwendigen Maß an gewohnter Basis und dem Anspruch an Veränderungsbereitschaft zu finden. Es geht nicht darum, die Betroffenen so weit als möglich vor Veränderungen zu schützen, vielmehr geht es darum, eine Vertrauenskultur der Veränderungsbereitschaft zu erzeugen, in der Veränderung zur Selbstverständlichkeit gehört.

Vertrauenskultur bedeutet in diesem Zusammenhang, dass sich Betroffene trotz verbleibender Bedenken auf Veränderungen einlassen, weil sie auf die Richtigkeit der Entscheidungen der Entscheider auf höherer Ebene vertrauen.

4.5.6   Das „Prinzip Hoffnung" oder „Ein guter Plan schafft Zuversicht"

Als gesicherte Erkenntnis für Veränderungsvorhaben gilt, dass Veränderung nur dann stattfindet, wenn ein entsprechender Leidensdruck für die Veränderung und gleichzeitig Hoffnung auf das Gelingen der Umsetzung der Veränderung bei den Betroffenen vorhanden sind.

Zu dem Umgang mit dem Aspekt „Leidensdruck" haben die vorangegangenen Abschnitte („Wer Leistung will, muss Sinn vermitteln" sowie die verschiedenen Vorschläge für Regeln für den Ablauf der Veränderung) praktische Ansätze geliefert.

Was nun das Thema „Hoffnung auf das Gelingen" angeht, ist es notwendig, bereits in der Startphase von Veränderungsvorhaben durch einen guten Umsetzungsplan die Zuversicht auf eine erfolgreiche Umsetzung der Veränderung zu vermitteln.

Zumindest die groben Phasen des Veränderungsvorhabens und die entsprechenden Meilensteine sollten vorab klar sein und in einer Art und Weise kommuniziert werden, die für die Betroffenen verständlich, logisch nachvollziehbar und überschaubar ist.

Besonders in der Startphase sollten robuste konkrete Schritte dargestellt und auch direkt die ersten Erfolge aufgezeigt werden. Im Idealfall wird die Planung von Veränderungsvorhaben mit den Methoden des Projektmanagements geplant und gesteuert (siehe auch Kapitel „Planen & Realisieren").

4.5.7   Nach der Veränderung ist vor der Veränderung – Lessons learned

Selten bedeutet eine Veränderung die letzte Veränderung im Unternehmen. Für die Durchführung von Veränderungsvorhaben bedeutet das, dass es nicht nur wichtig ist, die anstehenden Veränderungsvorhaben erfolgreich zu meistern, sondern die Erkenntnisse aus dem laufenden Prozess für die nächsten Veränderungen zu nutzen.

Studien belegen, dass Projekte deshalb scheitern, weil immer wieder die gleichen Fehler gemacht werden. Insofern lässt sich für viele Unternehmen sozusagen eine unternehmenseigene **Typologie des Scheiterns** ableiten.

Das zeigt aber gleichzeitig auch, wie wichtig es ist, **Best Practices** systematisch zu sammeln und daraus zu lernen, um diesen Teufelskreis gleicher Fehler durchbrechen zu können.

Spätestens im Rahmen eines ritualisierten Projektabschlusses empfiehlt es sich daher, die in **Abbildung 4.**9 dargestellten Aspekte zu reflektieren und Konsequenzen abzuleiten und umzusetzen (und umgekehrt natürlich diese bei der Vorbereitung eines neuen Veränderungsvorhabens wieder heranzuziehen).

Abbildung 4.9   Typische Fragen im Rahmen eines Projektabschlusses

Zielerreichung

•Direkt messbare Ergebnisse (nicht langfristige strategische Auswirkungen)

Lessons learned

•Tops & Flops
•Was können wir daraus lernen?
•Welche praktischen Maßnahmen haben wir eingeleitet?

Organisation

•Interne Dokumentation
•Entlastung des Teams
•Öffentlichkeitsarbeit

Zwischenmenschliches

•Feedback Zusammenarbeit und Führung
•Frieden schließen
•Dem Ergebnis angemessene Feier

4.6 Leitfragen zur Selbstreflexion: Initiieren & Mobilisieren

Ist ein Problemkonsens bereits geschaffen? Falls (noch) nicht – was bedarf es, damit ein solcher erzielt werden kann?

Wie kann den Beteiligten die Sinnhaftigkeit des Veränderungs-vorhabens vermittelt werden? Wie kann festgestellt werden, dass die Beteiligten den Sinn des Vorhabens nachvollziehen können?

Welche Personen werden am Veränderungsprojekt beteiligt sein? Wer beziehungsweise welche Gruppen werden betroffen sein? Welches Ausmaß wird der Beteiligungs- beziehungsweise Betroffen-heitsgrad vermutlich annehmen?

Trotz aller Veränderung – was bleibt gleich?

Welche Werte des Unternehmensleitbildes könnten im Verlauf des Veränderungsprojekts besondere Bedeutung erlangen? Welche Argumente, insbesondere von potenziellen „Bremsern" oder „Verhinderern", können schon im Vorfeld vermutet werden? Wie kann mit diesen umgegangen werden?

Kennen alle Beteiligten zumindest einen groben Ablaufplan und können sie diesen wenigstens in Grundzügen nachvollziehen?

Wie wird es sich anfühlen, wenn das Veränderungsprojekt erfolgreich abgeschlossen ist?

5 Planen & Realisieren

Manfred Storm

„Darf ich einen Vorschlag machen?", fragte die löwenherzige Athene. Nachdem alle nickten, fuhr sie fort: „Ich glaube, dass es gut wäre, ein Team zusammenzustellen, das mit der Planung der Veränderungen beauftragt wird. Was denkt ihr darüber?"

Zeus nahm als Erster diesen Gedanken auf: „Das ist eine gute Idee, Athene, dann können die anderen sich weiter um die laufenden Geschäfte kümmern, und nur einige von uns beschäftigen sich mit dem neuen Projekt. Ich hätte gern in diesem Team dich, Athene als Strategin, Hermes als Vermittler zwischen Himmel und Erde und ...", er blickte sich suchend in der Runde um, „und vielleicht Demeter?"

Demeter blickte erstaunt, wenn auch ein wenig erschrocken in Anbetracht der Aufgabe, mit der sie so gar nicht gerechnet hatte. „Wir brauchen dich, denn du kennst dich mit dem Anbau am besten aus, und es wird nötig sein, die richtigen Anbauflächen zu beurteilen."

„Wenn ihr meint, natürlich stehe ich euch so gut ich kann mit Rat und Tat zur Seite. Aber ich denke, dass es auch gut wäre, jemanden im Team zu haben, der mit Chaos gut umgehen kann und der kreativ ist; wer wäre da besser geeignet als Dionysos?"

Jetzt meldete sich auch Athene zu Wort: „Außerdem fehlt uns in der Gruppe noch der Marketingaspekt, wie wäre es mit dir, fernhin treffender Apollon?"

Nun mischte sich Hermes ein: „Auch ich möchte einen Vorschlag machen, von dem ich annehme, dass er erst einmal auf wenig Gegenliebe stoßen wird. Ich glaube, dass es gut und wichtig wäre, den Titanen Prometheus mit ins Team aufzunehmen. Er gilt als der, der die Menschheit erschaffen hat und als deren Vorkämpfer. Es gibt niemanden, der die Menschen besser kennt als er. Und bei Verhandlungen mit ihnen wäre er uns allen weitaus überlegen. Auch können wir gerade so einen Urrebellen und trickreichen Schlaukopf im Team gut gebrauchen."

Zeus sprang empört von seinem Thron auf: „Ich weiß, dass du schon lange mit Prometheus kooperiert hast. Aber lassen wir das, Prometheus hasst mich, und ich kann mir wirklich nicht vorstellen, dass er zu einer Zusammenarbeit mit uns bereit wäre."

„Zeus", wandte sich Aphrodite an ihren Vater, „ist es nicht langsam Zeit, diese alte Feindschaft zu beenden? Ich kann mir auch keinen anderen vorstellen, der mehr zum Erfolg unseres Projektes beitragen könnte."

„Lass es uns doch wenigstens versuchen, ich würde mich bereit erklären, den Kontakt herzustellen. Wenn Ihr wollt, helfe ich auch, den Konflikt zu klären", sprang Harmonia ihrer Mutter zur Seite.

Nach längerer Überzeugungsarbeit war Zeus schließlich bereit, es auf einen Versuch ankommen zu lassen, und beauftragte Athene und Harmonia mit der Mission. Sie vereinbarten, dass es zunächst zu einer Begegnung im kleinen Kreis kommen sollte.

Es war nicht einfach, Prometheus für ein Gespräch mit Zeus zu gewinnen, denn er hatte eine unglaubliche Wut auf den Göttervater, und als er vor die Versammelten trat, brach es aus ihm heraus:[2]

„Bedecke Deinen Himmel, Zeus, mit Wolkendunst,
und übe, dem Knaben gleich, der Disteln köpft,
an Eichen Dich und Bergeshöhn;
musst mir meine Erde doch lassen steh'n,
und meine Hütte, die Du nicht gebaut,
und meinen Herd, um dessen Glut Du mich beneidest.

Ich kenne nichts Ärmeres unter der Sonne, als Euch, Götter!
Ihr nähret kümmerlich von Opfersteuer und Gebetshauch Eure Majestät,
und darbtet, wären nicht Kinder und Bettler hoffnungsvolle Toren.
Da ich ein Kind war, nicht wusste, wo aus noch ein,
kehrt' ich mein verirrtes Auge zur Sonne,
als wenn drüber wär' ein Ohr, zu hören meine Klage,
ein Herz, wie mein's, sich des Bedrängten zu erbarmen.

Wer half mir wider der Titanen Übermut?
Wer rettete vom Tode mich, von Sklaverei?
Hast Du nicht alles selbst vollendet, heilig glühend Herz?

---

[2] Die Prometheus-Hymne wurde von Goethe zwischen 1772 und 1774 in der Epoche des Sturm und Drangs verfasst, deren Hauptanliegen es war, überkommene Autoritäten zu überwinden.

Und glühtest jung und gut, betrogen, Rettungsdank
dem Schlafenden da droben?

Ich Dich ehren? Wofür?
Hast du die Schmerzen gelindert je des Beladenen?
Hast du die Tränen gestillt je des Geängstigten?
Hat nicht mich zum Manne geschmiedet die allmächtige Zeit
und das ewige Schicksal, meine Herrn und Deine?

Wähntest Du etwa, ich sollte das Leben hassen,
in Wüsten fliehen, weil nicht alle Blütenträume reiften?
Hier sitz' ich, forme Menschen nach meinem Bilde,
ein Geschlecht, das gleich mir sei,
zu leiden, zu weinen, zu genießen und zu freuen sich,
und Dein nicht zu achten, wie ich!"

(Die Prometheus-Hymne wurde von Goethe zwischen 1772 und 1774 in
der Epoche des Sturm und Drangs verfasst, deren Hauptanliegen es war,
überkommene Autoritäten zu überwinden.)

Zeus senkte den Kopf, schwieg eine Weile, dann sprach er die geflügelten
Worte: „Prometheus, Sohn des Iapetos und der Themis, dein Name bedeutet der Vorausdenkende, und das kennzeichnet auch deinen Charakter.
Ich habe dir Unrecht getan. Du hast mich aber, wie kein anderer, auch
immer wieder herausgefordert oder gar zu überlisten versucht. Damit hast
du meinen Zorn auch heraufbeschworen.

Ja, ich gebe zu, dass ich versucht habe, die Menschen auszuhungern, indem ich die besten Teile der Nahrung von ihnen als Opfergaben verlangte.

Ja, ich gebe zu, dass ich in meiner Wut, dass du diesen gebrechlichen Ge-
schöpfen heimlich das Feuer brachtest, dich fürchterlich bestrafte, indem
ich dich, weit weg von den Menschen, im Kaukasus, an einen Felsen
schmieden ließ und ein Adler jeden Tag von neuem deine Leber fraß.

Ja, ich gebe zu, dass ich, nachdem ich deinen Hohn und Spott nicht länger
ertragen konnte, einen Donnerkeil nach dir warf und dich mitsamt dem
Felsen in den Tartaros stürzen ließ.

Bitte nimm meine Entschuldigung an für all das Schreckliche und all die
Misshandlungen, die ich dir zugefügt habe. Das alles ist ewig lange her
und nun siehst du uns heute in einer erbärmlichen Lage, in der uns aller
Übermut gründlich vergangen ist.

Wir werden mit den Menschen, die wir so lange verachteten, kooperieren müssen, und wir brauchen deine Hilfe. Ich möchte dir die Hand zur Versöhnung reichen und dich um deine Unterstützung bitten."

Prometheus starrte Zeus ungläubig an und konnte dessen Wandlung kaum fassen. Und so herrschte erst einmal eine ganze Weile Schweigen. Dann, wenn auch noch etwas zögerlich, nahm Prometheus die von Zeus dargebotene Hand und entgegnete ihm Folgendes:

„Du wirst verstehen, dass mich deine Rede überrascht und gleichzeitig zutiefst bewegt hat. Auch ich muss zugeben, dass ich das meine zu unserem Konflikt beigetragen habe, indem ich deiner nicht achtete und dich verhöhnte. Aber wenn wir den Groll, den wir füreinander in der Brust tragen, begraben könnten, und unsere Energie nicht gegeneinander, sondern miteinander für ein gemeinsames Ziel einsetzten, wäre viel gewonnen. Wie es mir scheint, haben wir jetzt das erste Mal gemeinsame Interessen. Gern reiche ich dir meine Hand zur Versöhnung."

Die Männer umarmten sich, und es schien, dass das zwischen den beiden großen Männern neu geschmiedete Band auch Bestand haben könnte.

Nun war es an Athene, Prometheus von dem Ernst der Lage und dem bisher Geschehenen zu informieren. Als nächstes trafen sich die Mitglieder des Veränderungsteams zu einem ersten Treffen.

Im Kreise saßen nun Athene und Prometheus, Hermes, Demeter und Dionysos und Apollon und Harmonia, die wieder die Rolle der Moderatorin übernahm.

Sie ergriff als Erste das Wort: „Wichtig ist, dass wir alles, was wir hier besprechen, auch nach außen kommunizieren. Wir dürfen und wollen den Kontakt zu den anderen im Unternehmen nicht verlieren. Nur wenn diese sich eingebunden fühlen, werden sie die Veränderungen mittragen und das ihre zum Gelingen der Aufgaben beitragen. Wir sollten uns alle dafür verantwortlich fühlen, so oft wie möglich jede Gelegenheit zu nutzen, um zu erzählen, was wir herausgefunden haben und was wir als Nächstes vorschlagen zu tun. Auch sollten wir ein Ohr haben für all die Ängste und Nöte, die auch uns Götter befallen, wenn wir nicht nur unsere vertraute Umgebung, sondern auch unseren privilegierten Status aufgeben müssen."

„Nun aber", fuhr Harmonia fort: „Was ist als Nächstes zu tun, um aus dem bisher beschlossenen Umzug auf die Erde ein tragfähiges Konzept zu machen und dessen Realisierbarkeit zu planen?"

„Was uns fehlt, sind Informationen darüber, was wir genau tun wollen, wie wir es tun wollen und mit welchen Ressourcen", warf Athene ein.

Jetzt meldete sich Prometheus, der Vorausschauende, zu Wort und berichtete, dass immer noch unglaublich viele Menschen aus aller Herren Länder regelmäßig die Kultstätten der Götter besuchten. Nachdem ihre, dem Zeus, der Athene, der Artemis, dem Apollon und weiteren Göttern gewidmeten Tempel, über fast zwei Jahrtausende dem Verfall preisgegeben waren, wurden sie seit ungefähr 150 Jahren wiederentdeckt, ausgebuddelt und weitgehend zur Besichtigung freigegeben. „Die schönsten Tempel und Altäre, die uns geweiht waren, sind in Museen in den Metropolen des Abendlandes zu sehen, und täglich verlangen viele Menschen dort Einlass und betrachten voller Ehrerbietung unsere Abbilder und erzählen sich heute noch unsere Geschichten. Ja, denkt nur, es gehört sogar zur Bildung der westlichen Welt, dass Menschen sich im griechischen Götterhimmel auskennen. Unsere alten Heldentaten, die Homer so trefflich beschrieben hat, werden heute sogar noch in den Schulen der Menschen gelesen."

„Offensichtlich ist es ein Bedürfnis der Menschen, uns zu verehren. Es dürfte doch gar nicht so schwierig sein, an diese Tradition anzuknüpfen und daraus eine zündende Geschäftsidee zu entwickeln", erwiderte darauf Apollon.

Um sich selbst ein Bild von der aktuellen Situation zu machen, beschloss das Komitee der Götter, auf die Erde zu reisen, um die Stätten zu besuchen, in denen sie früher angebetet wurden.

Sie besuchten als Erstes die Akropolis in Athen und kamen sich wie zu Hause vor. Vom Zeustempel war noch einiges erhalten, aber Athene bedauerte, dass von dem Tempel, der ihr als der Göttin der Athener geweiht war, nichts mehr zu sehen war und sich niemand die Mühe gemacht hatte, ihn wieder aufzubauen.

Dann fuhren sie weiter und bewunderten nicht nur die dem Zeus geweihten Tempel, sondern auch die der Aphrodite in Aphrodisias und auf Zypern, die des Apollon in Delphi, Didyma und Syrakus, die des Dionysos auf Kos, Naxos und Pergamon und den als eines der sieben Weltwunder bekannten Tempel der Artemis in Ephesos.

Es herrschte an den meisten Orten, ob in Griechenland, Italien oder der türkischen Ägäis, ein dichtes Menschengedränge. So waren sie tief beeindruckt von der Bedeutung der ihnen gewidmeten Stätten in der heutigen Zeit.

Zu ihrem großen Erstaunen stellten sie fest, dass vielen der Statuen die Nasen fehlten, und fanden heraus, dass diese zu Beginn der Zeitrechnung von den Christen abgeschlagen worden waren, weil sie glaubten, dass die Götter dann nicht mehr atmen könnten und sterben müssten. Empört sahen sie sich an.

„Wir werden unseren Abbildern wieder Nasen gestalten, damit wir auf Erden wieder ins lebendige Gedächtnis der Menschen kommen."

„Vielleicht könnten wir sogar den Glauben an die Götter wiederbeleben?"

„Jahrtausende haben die Menschen den Göttern geopfert und wir konnten die Geschicke der Menschen beeinflussen, zum Beispiel im Trojanischen Krieg.

Erst durch die Lehre von dem einen Gott, die sich erst vor zwei göttlichen Augenblicken anfing durchzusetzen, haben wir unsere Macht und unseren Einfluss eingebüßt.

Aber die Anhängerschaft der Christen scheint zu schwinden, und vielleicht steigen damit wieder unsere Marktchancen?"

Das ist vor allem eine Frage an dich, Dionysos, denn du bist doch der kreativste Kopf unter den Göttern."

„Denkt an die Geschichte, die die Christen so erfolgreich gemacht hat, an die Geschichte vom Sohn Gottes, der auf die Erde gesandt wurde und Mensch wurde.

Diese Geschichte könnten wir doch noch überbieten, indem wir eine ganzer Götterfamilie auf die Erde schicken. Was wir allerdings nicht ins Programm aufnehmen sollten, ist die Sache mit dem Tod am Kreuz, das würde heute auch gar nicht mehr dem Zeitgeist entsprechen, denn in der westlichen Welt ist die Todesstrafe inzwischen verpönt."

„Wie sollen wir nun konkret vorgehen?", fragte Athene Hermes. Hermes, der nicht nur Götterbote war, sondern auch Gott der Kaufleute und Diebe, erwiderte: „Wir könnten doch die alten Kultstätten aufkaufen. Eine große

Anzahl dieser Stätten liegt in Griechenland, wo gerade händeringend nach neuen Einnahmen gesucht wird, um das Staatsdefizit zu reduzieren. Oder in Sizilien, wo vieles, wie wir gesehen haben, dem Verfall preisgegeben ist. Was könnten wir da nicht alles renovieren und ..."

Dionysos fiel ihm ins Wort: „Stellt euch vor, wir könnten die Tempel und die Bäder wieder naturgetreu aufbauen und als Trinkhallen, Hotels und Wellness-Oasen gestalten. Wir könnten den Devotionalienhandel mit unseren Konterfeis wiederbeleben. Stellt euch vor, was das für Einnahmemöglichkeiten bedeuten würde."

Begeistert sahen sie sich mit leuchtenden Augen an.

5.1 Von der Idee zur Innovation: Innovationsvorhaben als Projekt realisieren

Am Ende entscheidet der Markt, ob aus einer Idee eine (per Definition erfolgreiche) Innovation wird. Aber man kann einiges dafür tun, dass dieses Ziel, aus einer vielversprechenden Idee eine erfolgreiche Geschäftstätigkeit (oder verbesserte interne Prozesse) zu entwickeln, in Erfüllung geht.

Die Erfahrung zeigt, dass die hierfür notwendigen Schritte am ehesten mit Mitteln und Methoden des **Projektmanagements** angegangen werden sollten.

Abbildung 5.1 „Projektmanagement" als Kombination aus Besonderheiten
der Projektstruktur und Managementaufgaben

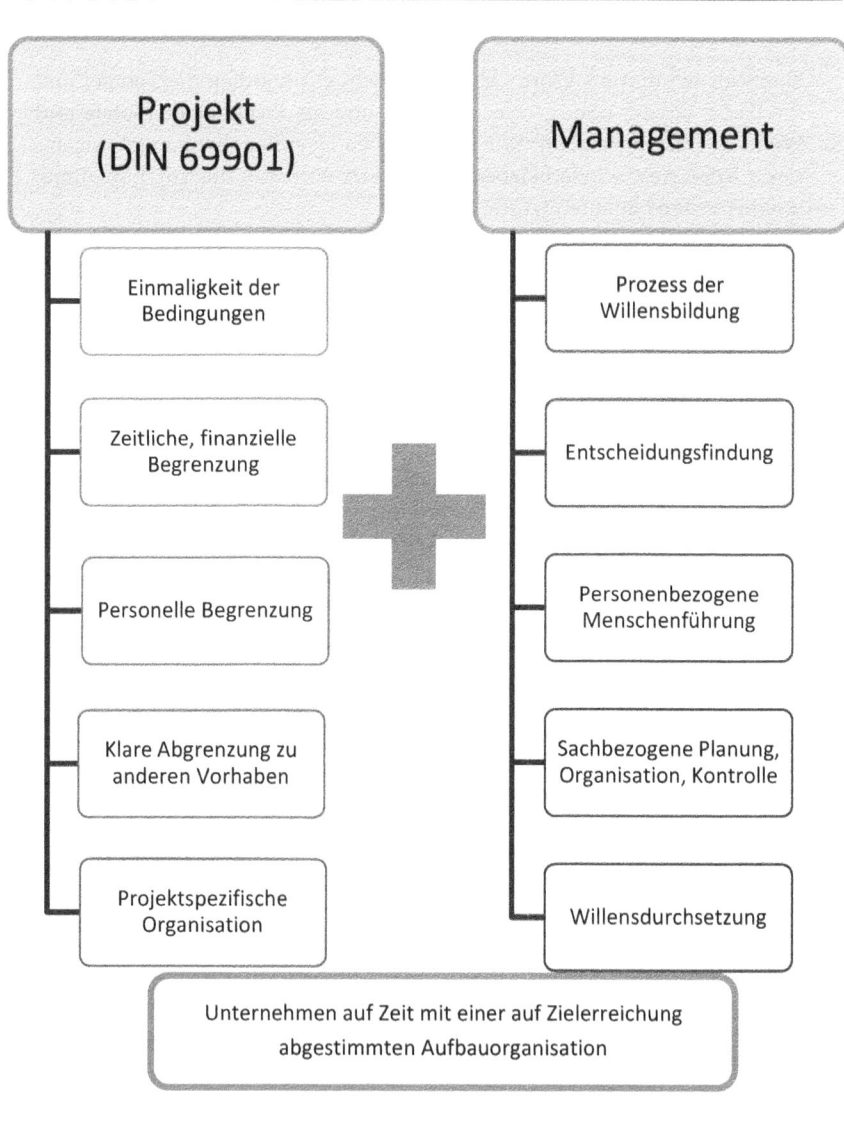

Es empfiehlt sich daher, das Innovationsvorhaben nach Methoden des Projektmanagements zu planen und das Vorhaben entlang dieser Pläne zu realisieren.

„Projektmanagement" setzt sich dabei aus den Begriffen „Projekt" und „Management" zusammen und beschreibt, wie in **Abbildung 5.1** dargestellt, eine einzigartige Kombination aus Projektstrukturen und Managementaufgaben.

Die Methoden des Projektmanagements und deren Anwendung sind nach DIN genormt, das heißt, dass das Vorgehen bei der Planung von Innovationsprojekten vom Prinzip her genauso funktioniert wie bei anderen Projekten auch. Was die Planungsintensität und Planungssorgfalt bei Innovationsprojekten betrifft, lässt sich unter dem folgenden Leitsatz zusammenfassen:

> *„Je ausgefallener das Innovationsvorhaben,*
> *desto konsequenter die Planung."*

Dieser Satz gilt für alle Planungsschritte und für alle dabei entstehenden Pläne. Vor diesem Hintergrund stellen wir die Methodik des Projektmanagements an dieser Stelle so kompakt wie möglich dar und ergänzen sie um Besonderheiten bei der Planung von Innovationsvorhaben. Im Abschnitt „Reflektieren und Kultivieren" werden dann noch ausgewählte Aspekte weiter vertieft.

5.1.1   Projektplanung im Überblick

Der Planungszyklus des Projektmanagements (siehe **Abbildung 5.2**) zeigt auf, in welchen Schritten Projekte üblicherweise geplant werden, welche Pläne dabei entstehen und wie diese Pläne aufeinander aufbauen und miteinander verknüpft sind.

Abbildung 5.2   Planungszyklus für ein Projekt

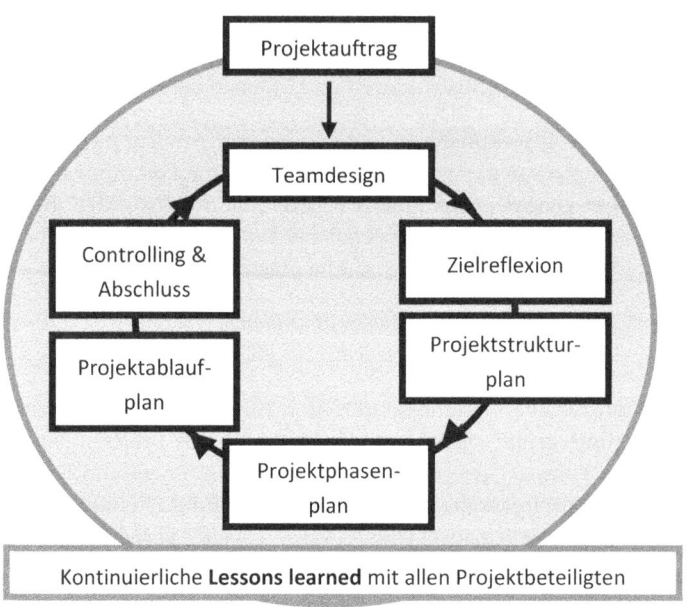

Kontinuierliche **Lessons learned** mit allen Projektbeteiligten

5.2   20 kritische Entwicklungen aus der Projektpraxis

Die langjährige Erfahrung zeigt, dass viele gescheiterte Innovationsvorhaben wesentlich positiver verlaufen wären, wenn hier aufgeführte methodische Ansätze umgesetzt worden wären.

An welchen kritischen Entwicklungen im Projektverlauf leiden nun aber Innovationsvorhaben oft beziehungsweise wodurch scheitern sie?

Typische Ursachen sind:

1. Bei der Auswahl der Projekte wird nicht systematisch vorgegangen. Klar definierte Kriterien für die Entscheidungen gibt es nicht.

2. Projekte werden ohne eindeutigen Projektauftrag gestartet. Es existiert keine offizielle Projektliste, von einem systematisch zusammengestellten Portfolio ganz zu schweigen.

3. Die Ist-Situation wird ungenügend analysiert.

4. Ziele sind unklar definiert.

5. Statt objektiver Alternativsuche wird eine Lieblingslösung angesteuert.

6. Verbindliche Meilensteine, zu denen die angestrebten Zwischenergebnisse systematisch überprüft werden, gibt es nicht.

7. Das Top-Management lässt sich nicht regelmäßig über den Projektfortschritt berichten und gibt den Vorhaben im Berichtsfall nicht immer wieder neuen Schwung.

8. Projektverantwortlichkeiten sind nicht vollständig abgestimmt.

9. Das Projektteam wird mehr oder weniger „auf Zuruf" zusammengestellt. Eine formelle Anordnung und Verpflichtung finden nicht statt.

10. Mitarbeiter werden zur Projektarbeit abgestellt, aber nicht von täglichen Routinearbeiten entlastet.

11. Linienvorgesetzte entsenden Mitarbeiter, die am leichtesten entbehrlich sind.

12. „Linienfürsten" boykottieren die Projektarbeit, weil sie diese als Eingriff in ihre Machtsphäre sehen.

13. Der Projektleiter hat nur Verantwortung und eine Fülle von Aufgaben, aber erhält keine Befugnisse.

14. Es gibt keine internen Richtlinien und Standards für die Abwicklung von Projekten oder sie sind den Mitarbeitern nicht bekannt.

15. Der Projektleiter und die Mitglieder des Projektteams haben noch nicht einmal elementare Kenntnisse im Projektmanagement.

16. Es fehlt jegliche Methodenunterstützung durch die Serviceabteilung oder einen Projektcontroller.

17. Improvisation steht höher im Kurs als systematische Ordnung.

18. Probleme werden ignoriert und es wird versucht, sie „auszusitzen".

19. Risiken werden unterschätzt und als Schicksal hingenommen.

20. Für Projektarbeit gibt es kaum Anreize. Der erhöhten Arbeitsbelastung, der Gefahr, sich nach Abschluss des Vorhabens einige Feinde im Unternehmen geschaffen zu haben, und dem Risiko des Scheiterns stehen die Aussichten auf formelle Anerkennung, eine Prämie oder verbesserte Aufstiegschancen gegenüber. Noch schlimmer: „Kollegen" nutzen die Zeit der Projektabordnung, um „am Stuhl des Konkurrenten zu sägen".

Diese Auflistung ist aus der Auswertung und Verdichtung von Studien über die Ursachen des Scheiterns von Projekten und Innovationsvorhaben entstanden. Die Ergebnisse decken sich sehr gut mit Erfahrungen aus der praktischen Seminararbeit für Projektleiter und der direkten Zusammenarbeit mit Unternehmen zur Optimierung des Projekt- und Innovationsmanagements.

5.3   Projektteam und Projektleiter

Da in der Praxis üblicherweise das Projektteam als Ganzes oder zumindest teilweise mit der Projektplanung beauftragt wird, soll an dieser Stelle auf die Teamzusammensetzung und die Auswahl des Projektleiters eingegangen werden.

Betrachtet man die Auflistung typischer Ursachen des Scheiterns von Projekten und Innovationsvorhaben genauer, wird deutlich, welchen Einfluss die richtige Zusammensetzung des Projektteams und die Auswahl des richtigen Projektleiters haben. Die meist ohnehin schon anspruchsvollen Aufgaben und besonderen Rahmenbedingungen werden in der Praxis oft noch von besonders hohen Erwartungen des Managements an das Team begleitet. Dazu kommen bei Innovationsprojekten meist noch mehr Unwägbarkeiten und höhere Risiken aufgrund der Neuheiten der Projektthematik.

Umso weniger ist zu verstehen, warum die Zusammensetzung von Projektteams und die Auswahl des Projektleiters bei Innovationsvorhaben sehr oft nach Kriterien wie Verfügbarkeit und Entbehrlichkeit geschehen und damit eher den Charakter von Zufälligkeit aufweisen denn den einer gezielten Auswahl.

Anhaltspunkte für eine gezielte Zusammensetzung des Projektteams sind:

Teammitglieder sollten

... „teamfähig" sein.

... gegenseitige Anerkennung zeigen.

... aktiv am Gesamtergebnis mitarbeiten.

... eine „positiv-konstruktive" Konfliktfähigkeit aufweisen.

... tendenziell versuchen, Konsens- statt Kompromisslösungen zu finden.

... in Absprache mit dem Gesamtteam eine offene Informationspolitik betreiben.

... einen zielorientierten Arbeitsstil aufweisen.

... sich jeder für sich verantwortlich und wichtig für den Projekterfolg fühlen.

Darüber hinaus ergeben sich für den Projektleiter beziehungsweise die Projektleiterin zusätzliche Anforderungen und Aufgaben (siehe **Tabelle 5.1**).

Tabelle 5.1   Aufgaben und Anforderungen an Projektleiter

Der Projektleiter ...	Der Projektleiter ist ...
– sorgt für einen klaren Projektauftrag – plant, überwacht und koordiniert	– die zentrale und entscheidende Persönlichkeit für den Projekterfolg
– informiert, dokumentiert und bereitet Entscheidungen vor und führt sie herbei – moderiert – vertritt das Team und dessen Ergebnisse nach außen	– mehr Generalist als Spezialist, besitzt aber eventuell wertvolles Spezialwissen in einer relevanten Disziplin – führungserfahren und sozial kompetent – überzeugungsstark – fit in den Methoden des Projektmanagements (PM)

Weitere wertvolle Ansatzpunkte zur Definition des Projektteams – insbesondere für die Auswahl des Projektleiters – kann übrigens auch die Anwendung der Akzeptanzmatrix aus **Abbildung 4.1** liefern.

5.4   Projektziele als Ausgangsbasis der Planung

Ob die Klärung und Definition der Projektziele selbst ein Bestandteil der Projektplanung sind, ist ein auch unter Experten viel diskutiertes Thema. Letztlich hängt es davon ab, in welchem Reifegrad ein Projekt an die Projektleitung und das Team übergeben wird. Im Sinne der empfohlenen, prozessorientierten Abwicklung von Innovationsvorhaben liegt die erste Zieldefinition am Ende der Phase „Analysieren und Definieren" vor.

Für die Erstellung der Projektpläne kommt es darauf an, dass die Ziele klar genug definiert sind, um daraus im wahrsten Sinne des Wortes „zielführende" Pläne entwickeln zu können.

Während bei Projekten im direkten Kundenauftrag die zu erreichenden Ergebnisse in der Regel sehr klar und verbindlich beschrieben sind, sieht das bei (internen) Innovationsvorhaben meist anders aus.

Inwieweit Projektziele genügend konkret formuliert sind, zeigt sich in vielen Fällen schnell bei der Erstellung der Realisierungspläne. Schlecht definierte Projekte führen in der Regel zu unterschiedlichen Interpretationen der Aufgabenstellung und damit zu mehr Diskussionen über das „Was" statt über das „Wie".

5.5   Ziel-Prüfstand

Die „klassische" Prüfung einer Zielformulierung erfolgt unter den Gesichtspunkten der **SMART-Methode**. Dabei steht

- **S** für spezifisch,
- **M** für messbar,
- **A** für aktiv beeinflussbar,
- **R** für Realistisch beziehungsweise relevant und
- **T** für terminiert.

Eine weitere Möglichkeit zu überprüfen, ob Projektziele hinreichend operationalisiert sind, bietet der folgende **Ziel-Prüfstand (siehe Tabelle 5.2):**

Tabelle 5.2   Ziel-Prüfstand

Name des Projekts:	++	+	0	-	--
1. Die Ziele sind für uns als Projektteam klar, präzise, konkret und für alle Beteiligten eindeutig formuliert.					
2. Aus der übergeordneten Zielsetzung haben wir klare Teilziele abgeleitet.					
3. Diese Teilziele haben wir eindeutig mit Prioritäten gewichtet.					
4. Der Zeit- und Kostenrahmen für die Realisierung der Projektziele ist klar festgelegt.					
5. Die Zielerreichung innerhalb des festgelegten Zeit- und Kostenrahmens erscheint uns realistisch.					
6. Die Projektziele stimmen mit übergeordneten Unternehmenszielen und -werten überein **(Leitbild-Konformität!)**					
7. Die Projektziele sind sinnvoll.					
8. Die Projektziele sind motivierend.					

Der Ziel-Prüfstand bezieht sowohl harte Kriterien wie Zeit und Kosten als auch weiche Kriterien wie Wertekonformität und Motivationsgrad ein (vgl. BIZEPS).

5.6   Der Projektstrukturplan

5.6.1   Grundsätzliche Funktionen des Projektstrukturplans

Der **Projektstrukturplan** stellt eine übersichtliche Gliederung des Projektes in Teilprojekte, Teilaufgaben und Arbeitspakete dar. Die Darstellung dient der vollständigen Erfassung und Visualisierung aller zur Zielerreichung notwendigen Arbeiten vom Groben ins Detail (top-down). Auf Arbeitspaketebene weist der Strukturplan **delegierbare, eigenständig bearbeitbare Tätigkeiten** auf, deren Durchführungsaufwand und Zeitraum abschätzbar sind.

Werden die Arbeitspakete konkreten Personen zugeordnet, ergibt sich daraus das Organigramm des Projektteams.

Abbildung 5.3   Basisschema eines Projektstrukturplans

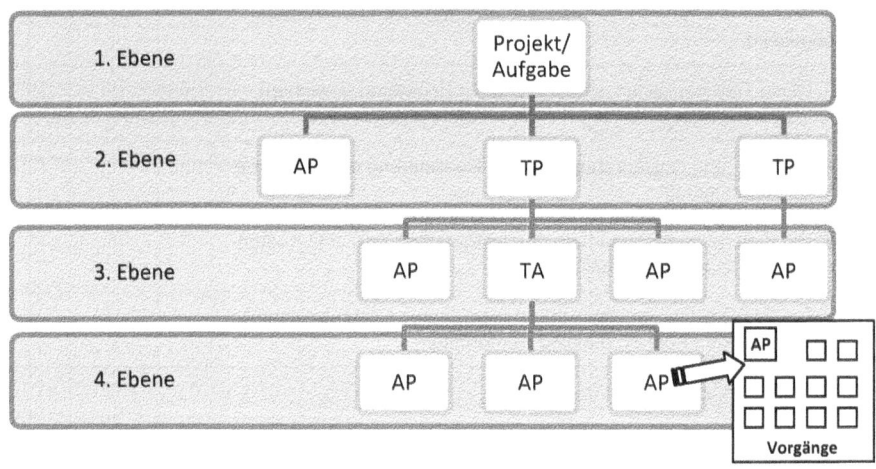

(TP = Teilprojekt, TA = Teilaufgabe, AP = Arbeitspaket)

Ein Grundschema für einen Projektstrukturplan (PSP) zeigt **Abbildung 5.3**. Dabei bilden Arbeitspakete theoretisch die kleinsten Einheiten und sollten im PSP nicht weiter aufgeteilt werden. Arbeitspakete können grundsätzlich auf jeder beliebigen Gliederungsebene angesiedelt werden.

In der praktischen Ausführung ist es jedoch dennoch üblich, dass ein Arbeitspaket in noch kleinere Einheiten, sogenannte Vorgänge, zerlegt wird.

Der Detaillierungsgrad der Aufgaben hängt in erster Linie von der Komplexität des Projektes ab. Dabei sind mit Komplexität vor allem die Anzahl verschiedener Fachdisziplinen sowie die Breite und Tiefe der Besonderheiten – sprich Einmaligkeiten – des Projektes gemeint. Je höher der Komplexitätsgrad ist, umso detaillierter sollte der Projektstrukturplan sein.

Bei der Erarbeitung des Strukturplans kommt es darauf an, als letzte Gliederungsebene immer Arbeitspakete zu beschreiben, die ihrem Namen entsprechend auch immer eine konkrete Tätigkeit beschreiben.

Bei der Strukturierung des Projektes werden unterschiedliche Kriterien zugrunde gelegt. Die gebräuchlichsten Gliederungskriterien sind die objektorientierte Gliederung und die funktionsorientierte Gliederung eines Projektes.

Abbildung 5.4   Beispiel eines objektorientierten Projektstrukturplans

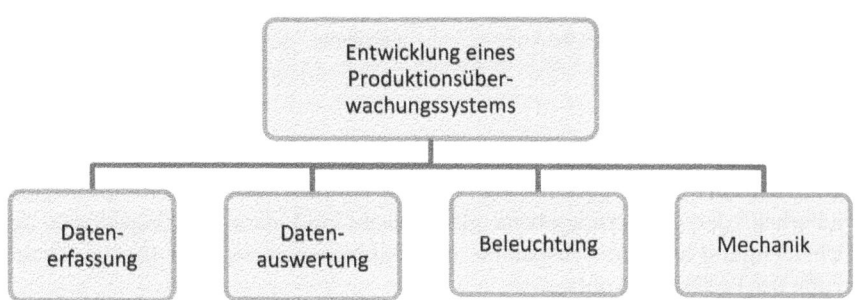

(weitere Unterteilung beispielsweise in Teil- und Untersysteme, Hauptbaugruppen, Baugruppen)

5.6.2   Objektorientierter Projektstrukturplan

Bei dieser Art der Gliederung (siehe **Abbildung 5.4**) wird der Projektgegenstand nach dem **Top-down-Prinzip** in seine Bestandteile zerlegt. Auf Ebene der Arbeitspakete werden die Tätigkeiten, die notwendig sind, um das Arbeitspaket auszuführen, als konkrete Arbeitsobjekte beziehungsweise -schritte benannt.

5.6.3   Funktionsorientierter Projektstrukturplan

Bei der funktionsorientierten Strukturierung eines Projektes hingegen stellen die am Projekt beteiligten Funktionseinheiten beziehungsweise Geschäftsprozesse des Unternehmens die Basis der Gliederung dar (siehe auch **Abbildung 5.5**).

Zunächst wird ermittelt, welche Funktionseinheiten beziehungsweise Geschäftsprozesse für die Umsetzung des Projektes benötigt werden, dann werden diesen Einheiten Aufgaben (Teilaufgaben, Arbeitspakete) zugeordnet.

Abbildung 5.5   Beispiel eines funktionsorientierten Projektstrukturplans

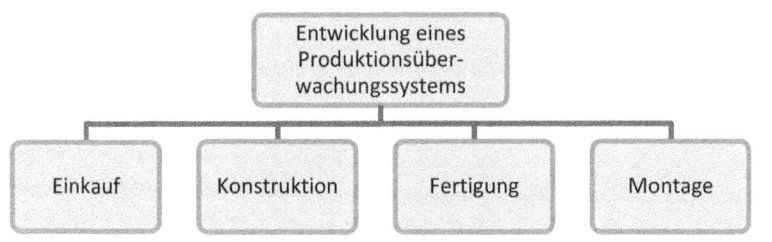

Bei der Auswahl des ersten Gliederungskriteriums für den Projektstrukturplan gibt es weder falsch noch richtig. Wichtig ist, dass das Gliederungskriterium innerhalb der Gliederungsebene gleich bleibt und dass das Projektteam der Überzeugung ist, eine transparente und durchgängige Struktur für die Umsetzung des Projektes zu nutzen.

Tipps zur Erstellung eines Strukturplans für Innovationsprojekte

- Schaffen Sie eine robuste Ausgangsbasis auf Ebene der Teilprojekte, die vom Team mitgetragen wird.

- Gehen Sie nicht zu früh ins Detail, sprich auf die Ebene der Teilaufgaben und Arbeitspakete.

- Vermeiden Sie Detaildiskussion, bevor das Grobkonzept steht.

- Nutzen Sie Erfahrungen und Pläne aus früheren, ähnlichen Projekten. Auch wenn es um ein Innovationsprojekt geht, sind oft mehr nutzbare Erfahrungen vorhanden, als vordergründig vermutet.

- Verschaffen Sie sich erst einen Überblick darüber, welche verschiedenen Vorstellungen das Projektteam insgesamt hat, bevor Einzelmeinungen diskutiert werden.

- Versuchen Sie eher, vorhandene Ansätze schrittweise zu optimieren, als ad hoc eine Ideallösung zu konstruieren.

5.7 Der Projektphasenplan

Die Hauptfunktion des **Projektphasenplans** besteht in der Unterteilung des Projekts in dessen wesentliche inhaltliche Abschnitte und seine wesentlichen Etappenziele. Die inhaltlichen Abschnitte sind **Phasen**, die erreichten Etappenziele sind **Meilensteine** (siehe **Abbildung 5.6**).

Der Soll-Ist-Abgleich an den Meilensteinen liefert die grundlegenden Entscheidungen über das weitere Vorgehen im Projekt. Grundsätzlich bestehen dazu die Möglichkeiten

■ Meilenstein erreicht: zu nächster Phase weitergehen

■ Meilenstein nicht erreicht, aber erreichbar: aktuelle Phase nacharbeiten

■ Meilenstein nicht erreicht und auch nicht erreichbar: Projektabbruch oder Projektneudefinition.

Bei der Erstellung des Projektphasenplans ist insbesondere darauf zu achten, dass jede Phase mit einem dazugehörigen Meilenstein abschließt. Dies gilt auch für die letzte Phase.

Bei der Bezeichnung der Meilensteine ist es sinnvoll, darauf zu achten, dass diese tatsächlich als konkrete Zustände oder Ergebnisse abgeschlossener Ereignisse und nicht zum Beispiel als Vorgänge oder Tätigkeiten beschrieben werden (laut DIN 69 900 sind Meilensteine „Ereignisse besonderer Bedeutung").

Abbildung 5.6   Der Projektphasenplan

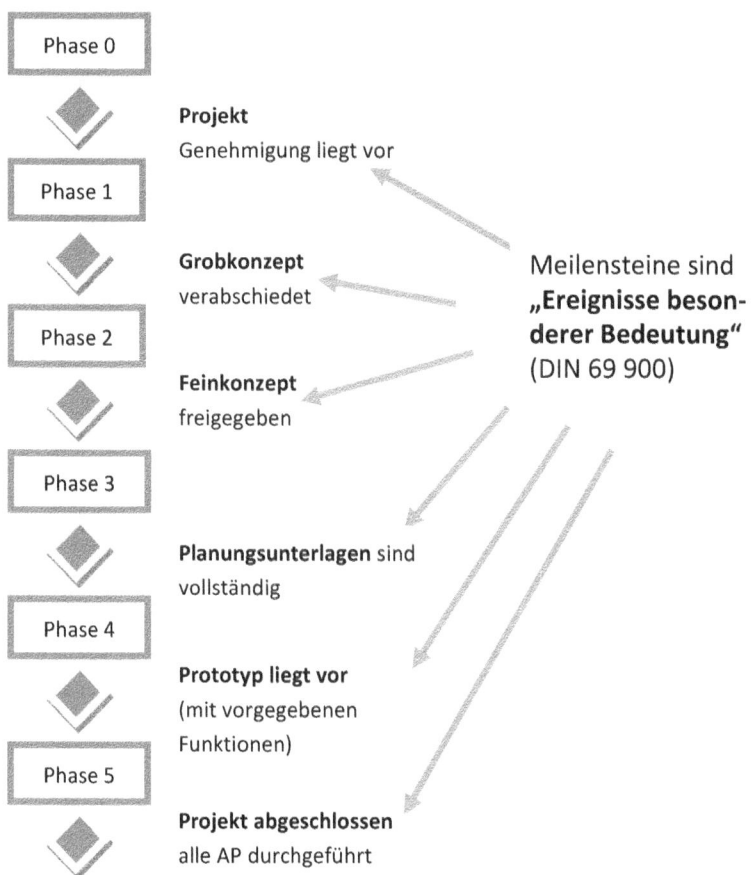

Phase 0

Projekt
Genehmigung liegt vor

Phase 1

Grobkonzept
verabschiedet

Phase 2

Feinkonzept
freigegeben

Phase 3

Planungsunterlagen sind
vollständig

Phase 4

Prototyp liegt vor
(mit vorgegebenen
Funktionen)

Phase 5

Projekt abgeschlossen
alle AP durchgeführt

Meilensteine sind
**„Ereignisse beson-
derer Bedeutung"**
(DIN 69 900)

Tipps zur Erstellung eines Strukturplans für Innovationsprojekte

- Erfinden Sie das Rad nicht neu. Auch komplexe Innovationsvorhaben lassen sich meist mit gängigen Begriffen in Phasen gliedern.

- Definieren Sie die Anzahl der Projektphasen nach inhaltlichen Kriterien und nicht allein aufgrund der erwarteten Gesamtprojektdauer.

- Nutzen Sie fest eingeplante, regelmäßige Reportings außerhalb von Meilensteinen, um eine möglichst hohe Sicherheit über den Projektverlauf zu erhalten.

- Achten Sie darauf, dass Meilensteine eindeutig überprüfbar beziehungsweise messbar formuliert sind.

- Definieren Sie eindeutige Kriterien, unter welchen Bedingungen das Innovationsprojekt abzubrechen ist.

- Sollte es aufgrund dieser Kriterien zu einem Projektabbruch kommen, sorgen Sie für eine „Beerdigung erster Klasse des Projekts".

- Nutzen Sie sowohl erfolgreiche als auch abgebrochene Projekte für „Lessons learned".

5.8   Der Projektablaufplan

Ein **Projektablaufplan** bezeichnet eine Darstellung der sachlogischen Reihenfolge, in der Arbeitspakete eines Projektstrukturplans ausgeführt werden. Die rein inhaltliche Betrachtung der Arbeitspakete wird um den Aspekt der zeitlichen und logischen Abfolge im Projektkontext erweitert.

Abbildung 5.7   Projektablaufplan als Netzplan

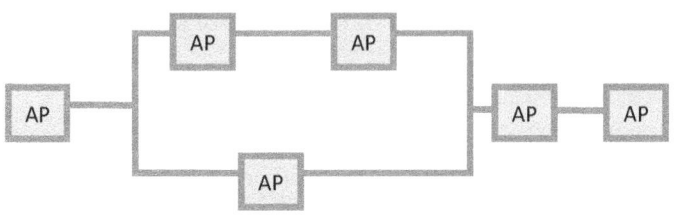

Gebräuchlich sind zwei Arten der Darstellung:

1. als **Netzplan** (siehe **Abbildung 5.7**) oder

2. in Form eines **Gantt-Diagramms (siehe Abbildung 5.8)**

Abbildung 5.8   Projektablaufplan als Gantt-Diagramm

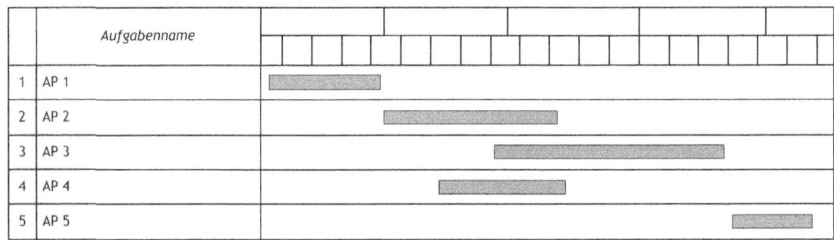

Bei der Erstellung des Projektablaufplanes geht es darum zu klären, in welcher Reihenfolge die Arbeitspakete sinnvollerweise bearbeitet werden. Typische Fragen sind dabei:

■   Was muss erledigt werden, bevor mit Arbeitspaket x begonnen werden kann?

■   Welche Arbeitspakete können unabhängig voneinander parallel bearbeitet werden?

Die im Projektablaufplan getroffenen Festlegungen haben unmittelbare Konsequenzen für die Projektlaufzeit insgesamt sowie für die Kapazitäts- und Kostenplanung.

Über die hier dargestellten Basispläne hinaus, sind selbstverständlich noch weitere Pläne, insbesondere Termin-, Kapazitäts- und Kostenpläne, erforderlich. Auf diese möchten wir an dieser Stelle jedoch nicht weiter eingehen, da sie im Prinzip keine größeren Besonderheiten in sich bergen und in der Regel verhältnismäßig stringent abgeleitet werden können.

Tipps für die Erstellung des Projektablaufplans bei Innovationsvorhaben

- Nutzen Sie den Phasenplan zur Erstellung des Ablaufplanes.

- Ordnen Sie die Arbeitspakete des Strukturplans erst den Phasen des Phasenplans zu, bevor Sie die einzelnen Arbeitspakete in eine sachlogische Reihenfolge bringen.

- Bringen Sie zunächst die Arbeitspakete in die sachlogische Reihenfolge, bei denen diese Reihenfolge klar ersichtlich ist, bevor Sie die Arbeitspakete angehen, deren Zuordnung nicht so eindeutig ist.

- Können Arbeitspakete nicht eindeutig zugeordnet werden, überprüfen Sie deren Bezeichnung oder versuchen Sie, die entsprechenden Arbeitspakete aufzuteilen.

- Arbeiten Sie sich konsequent phasenweise durch diesen Planungsschritt. Dadurch reduziert sich das Risiko, sich zu verzetteln, das bei Innovationsvorhaben besonders groß ist.

- Setzen Sie soweit möglich einen Moderators bei diesem Planungsschritt ein, um einen strukturierten Ablauf der Planungssitzung sicherzustellen

5.9 Projektüberwachung

Bei der **Projektüberwachung** geht es darum, mit angemessenem Aufwand und einer angemessenen Genauigkeit einen kontinuierlichen Vergleich zwischen dem tatsächlichen und dem geplanten Projektfortschritt zu bewerkstelligen.

In der Praxis zeigt sich, dass dieser Controllingaufgabe sehr oft mit mehr Aufwand und Genauigkeit nachgegangen wird, als der Erstellung der Projektpläne.

Letztendlich führt das dazu, dass genauer überwacht wird, als geplant wurde.

Tipp: Die Projektüberwachung kann nur so gut sein wie die erstellten Projektpläne.

Es genügt daher umgekehrt in aller Regel, für die Projektüberwachung die im Verlauf der Planung entstandenen Pläne zur Projektüberwachung einzusetzen:

Phasenplan und dessen Meilensteine: Sie geben Rückschlüsse über den Fertigstellungsgrad einer Phase, die Erreichbarkeit der Etappenziele und des Projektziels insgesamt.

Der Ablaufplan als Netzplan kann dazu verwendet werden, den aktuellen Stand der Bearbeitung der einzelnen Arbeitspakete darzustellen. **Abbildung 5.9** zeigt, wie auf einfache Weise der Projektstatus dokumentiert werden kann.

Abbildung 5.9   Netzplan als einfaches Projektcontrollinginstrument

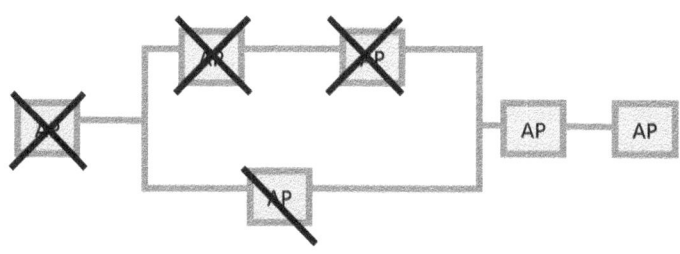

Legende

AP abge-
schlossen   AP in Arbeit   AP noch nicht
                                                     begonnen

Tipps zur Projektüberwachung bei Innovationsprojekten

- Planen Sie Aktivitäten der Projektüberwachung als Arbeitspakete in den Projektstrukturplan ein und klären Sie Informations- und Entscheidungswege mit den relevanten Beteiligten.

- Nutzen Sie vorhandene Pläne und Unterlagen als Reportingtools.

- Machen Sie sich das Risiko des Scheiterns bewusst, das insbesondere bei Innovationsvorhaben erhöht ist.

- Definieren Sie im Vorhinein klare Abbruchkriterien für das jeweilige Innovationsvorhaben und sorgen Sie **lieber** für eine **Beerdigung erster Klasse** für das Projekt, als zu lange unnötig Geld auszugeben.

5.10   Der Projektabschluss

Aus inhaltlicher Sicht bedeutet der Abschluss eines Projektes die Beendigung der geplanten Arbeiten zur Erreichung der Projektziele und die Überprüfung des Zielerreichungsgrades. Aus systematischer Sicht bedeutet der Projektabschluss die Auflösung eines sozialen Systems, nämlich die des Projektteams.

Insbesondere bei Innovationsprojekten – Vorhaben mit besonderer Bedeutung für das Unternehmen und mit besonderen Herausforderungen für das Team – sollte der Projektabschluss mit einer entsprechenden Sorgfalt vollzogen werden.

Wie schon in Bezug auf den typischen Verlauf von Veränderungsprozessen angesprochen, gilt für den Projektabschluss das Motto „**nach dem Projekt ist vor dem Projekt"**. Konkret kann dies bedeuten (siehe auch **Abbildung 5.10**):

- Abschluss eindeutig kennzeichnen, zum Beispiel durch Organisation einer gemeinsamen Abschlussveranstaltung.

- Gemeinsames Lernen aus dem Projekt für die Zukunft organisieren und dokumentieren.

- Wiedereinbindung der Projektmitglieder in die Linie planen sowie eine mögliche Unterstützung der Tätigkeiten der Projektmitglieder in der Linie prüfen.

- Frieden schließen!

Dabei ist insbesondere der Tatsache Rechnung zu tragen, **dass in jedem Innovationsprojekt Erfahrungen auf fachlicher, methodischer, organisatorischer und auch auf emotionaler Ebene gemacht wurden.**

Diese können für folgende Projekte genutzt werden. **Sich dabei ausschließlich auf die harten Fakten der Zielerreichung zu beschränken, greift für eine Weiterentwicklung der Innovationsfähigkeit von Unternehmen in der Regel zu kurz.**

Insbesondere sollte zum Projektabschuss über die rein faktische Zielerreichung hinaus **offen über Erfahrungen, Tops und Flops** im Projektverlauf gesprochen werden.

Das bedeutet zu diskutieren, was Tops und Flops im Rahmen der Projektabwicklung waren und welche konkreten Erkenntnisse und Maßnahmen für folgende Projekte gewonnen werden können. Dabei ist völlig unerheblich, wer Experte der Tops oder Verursacher der Flops war. Wichtig ist ausschließlich, die Erkenntnisse zu sichern und unternehmensweit zugänglich zu machen.

Der Grad der Offenheit, mit dem diese Diskussion stattfindet, ist nicht zuletzt ein aussagefähiger Indikator für den Reifegrad der Innovationskultur des Unternehmens.

Abbildung 5.10   Typische Inhalte einer Projektabschlussveranstaltung

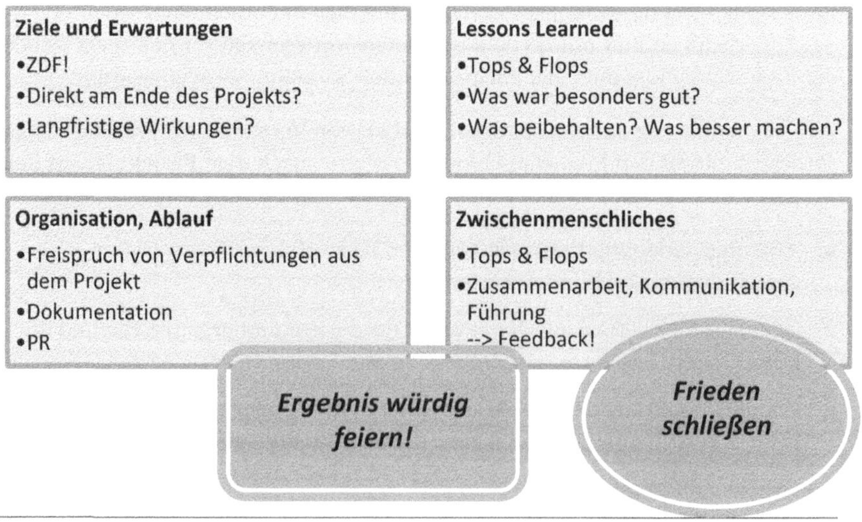

Ziele und Erwartungen
- ZDF!
- Direkt am Ende des Projekts?
- Langfristige Wirkungen?

Lessons Learned
- Tops & Flops
- Was war besonders gut?
- Was beibehalten? Was besser machen?

Organisation, Ablauf
- Freispruch von Verpflichtungen aus dem Projekt
- Dokumentation
- PR

Zwischenmenschliches
- Tops & Flops
- Zusammenarbeit, Kommunikation, Führung
- --> Feedback!

Ergebnis würdig feiern!

Frieden schließen

5.11 Leitfragen zur Selbstreflexion: Planen & Realisieren

In welcher Form sind in den vergangenen drei Jahren Innovationen beziehungsweise Veränderungsvorhaben realisiert worden? Warum beziehungsweise warum nicht wurde eine Umsetzung in Form eines Projektes gewählt?

Sind Mitarbeiterinnen beziehungsweise Mitarbeiter mit Projektleitungserfahrungen verfügbar? Wer sollte in naher Zukunft an Projektleitungsfunktionen herangeführt werden?

Wenn bereits Veränderungsprojekte durchgeführt worden sind: Welche der genannten kritischen Entwicklungen sind in Ihrem Unternehmen aufgetreten? Sind hier konkrete Maßnahmen zur Vermeidung in der Zukunft definiert worden? Wenn ja, werden diese Maßnahmen tatsächlich gelebt?

Sind zur Planung von Projekten systematische Vorgehensweisen etabliert?

Auf welche Weise werden üblicherweise Projektverläufe überwacht? Welche Methoden und Hilfsmittel werden eingesetzt?

Gibt es am Ende von Veränderungsprojekten geplante Abschlussveranstaltungen?

Wie werden aktuelle Projekterfahrungen für zukünftige Projekte dokumentiert und kommuniziert?

6   Reflektieren & Fokussieren

Ursula Liebsch

„Warum sind wir eigentlich nicht längst auf diese Ideen gekommen?", fragte Hermes.

„Weil neue Ideen häufig aus der Not geboren werden, dann, wenn die Notwendigkeit besteht, etwas zu verändern", entgegnete ihm Athene.

„Aber was ist mit den Anbauflächen für die Ambrosiareben und deren Produktionsstätten?", brachte Demeter ins Spiel.

„Ja, das ist ein Problem, dass wir noch lösen müssen. Wie wäre es, wenn du und Hephaistos sich dieser Frage annehmen? Ihr werdet bestimmt eine Lösung finden.

Lasst uns aber doch erst einmal zum Olymp zurückkehren, um den anderen zu erzählen, was wir herausgefunden haben und um die anfallenden Entscheidungen gemeinsam zu treffen."

Auf dem Berg der Götter wurden sie bereits sehnsüchtig erwartet, und alle waren begierig, die Neuigkeiten zu erfahren.

Nach ihrem Vortrag war zum ersten Mal seit Langem die Stimmung euphorisch, und es wurde leidenschaftlich diskutiert. Ihre Köpfe glühten, und sie fühlten sich so lebendig, wie schon seit einiger Zeit nicht mehr. Mit Feuer und Flamme wollten alle daran gehen, die Ideen zu verwirklichen.

Es war den meisten klar, dass die Atmosphäre sich wieder trüben würde, wenn die ersten Schwierigkeiten auftauchen würden. Es war auch klar, dass sie immer wieder viel Überzeugungsarbeit zu leisten haben würden. Jetzt hatten aber erst einmal alle eine Vision, die mitreißend war.

In dieser Nacht konnte Demeter nicht schlafen, denn sie dachte immer wieder darüber nach, wie die ganze Sache wohl zu schaffen wäre, aber dann fiel ihr wieder der Morgen nach dem Feuer ein und der seltsame Vogel, der sich aus der Asche erhoben hatte. Es konnte nur Phönix gewesen sein, da war sie sich ganz sicher. Und war Phönix nicht auch ein Symbol dafür, dass etwas, das schon verloren geglaubt war, wieder in neuem Glanz erscheint?

Während sie daran dachte, spürte sie ein Gefühl von Freiheit und Weite. Könnte Phönix nicht ihr neues Logo darstellen? Phönix GmbH & Co. KG?

Sie dachte auch daran, was sie schon alles geschafft hatten. Alles andere würde sich ergeben. Diese Gedanken ließen sie beruhigt einschlafen.

6.1 Innovationskompetenz: Veränderungsmanagement oder Innovationsmanagement?

6.1.1 Rückblick: Was sind Innovationen?

Erinnern wir uns an das erste Kapitel dieses Buches: Innovation heißt wörtlich „Neuerung" oder „Erneuerung". Das Wort ist von den lateinischen Begriffen novus „neu" und innovatio „etwas neu Geschaffenes" abgeleitet. Im betriebswirtschaftlichen Sinne resultieren Innovationen erst dann aus Ideen, wenn diese in neue Produkte, Dienstleistungen oder Verfahren umgesetzt werden (Invention), die tatsächlich erfolgreiche Anwendung finden und den Markt durchdringen (Diffusion) [22].

Abbildung 6.1   Innovation als erfolgreich umgesetzte Idee

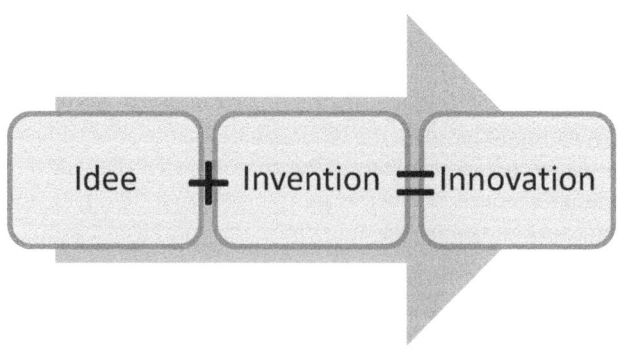

Wie in **Abbildung 6.1** dargestellt, definieren wir **Innovation** somit als Kombination aus Idee und Invention und **Innovationskompetenz** als die Fähigkeit, Innovationen zu generieren.

In die Wirtschaftswissenschaft wurde der Begriff der Innovationen durch Joseph Alois Schumpeter mit seiner Theorie der Innovationen [24] eingeführt, die er auch als „kreative Zerstörung", also als die Ablösung von Bestehendem durch etwas Besseres charakterisierte.

Unter **Veränderungsmanagement** (englisch: Change Management) lassen sich alle Aufgaben, Maßnahmen und Tätigkeiten zusammenfassen, die eine umfassende, bereichsübergreifende und inhaltlich weitreichende Veränderung zur Umsetzung von neuen Strategien, Strukturen, Systemen, Prozessen oder Verhaltensweisen in einer Organisation bewirken sollen.

Der Ursprung des Veränderungsmanagements geht auf die **Organisationsentwicklung** in den USA der 30er Jahre des 20. Jahrhunderts zurück. Während früher die Beteiligten (mit Ausnahme der gestaltenden Ingenieure) überwiegend als mechanistische Bestandteile des organisatorischen Räderwerks (vgl. auch [25]) angesehen wurden, entstand mit der „Human-Relations-Bewegung" ein Konzept, das das Verhalten von Menschen und deren Beziehungen betonte.

Die Wissenschaftler Roethlisberger und Mayo [26] führten im Rahmen von Forschungen zur Leistungssteigerung Experimente in den Hawthorne-Werken der Western Electric in den USA durch. Sie entdeckten – und das kam einer Revolution gleich –, dass die beobachtete Leistungsfähigkeit der Mitarbeiter stärker von der Aufmerksamkeit für die Mitarbeiter beeinflusst wurde als durch Änderungen der Arbeitsbedingungen.

Erwähnenswert sind in diesem Zusammenhang auch die Arbeiten des amerikanischen Psychologen Abraham Maslow, der sich in den 30er und 40er Jahren des 20. Jahrhunderts mit der Motivation von Mitarbeitern beschäftigte und beschrieb, wie wichtig in diesem Zusammenhang Wertschätzung, Respekt und Anerkennung sind.

Wesentliche Arbeiten wurden in diesem Gebiet in den 40er und 50er Jahren auch von Kurt Lewin [27] und später in den 90ern und in der ersten Dekade 2000 von John Kotter ([28], [29], [30]) geleistet. Kurt Lewin gilt als Begründer der sozialen Psychologie, die sich insbesondere mit Führungsstilen, gruppendynamischen Prozessen und Veränderungsmanagement beschäftigt.

John Kotter ist wohl einer der bekanntesten zeitgenössischen Vertreter des Veränderungsmanagements. Berühmt geworden ist er vor allem durch sein Konzept der acht Schritte, die ein Unternehmen durchlaufen muss, wenn es erfolgreich eine Veränderung umsetzen will [29].

Acht Schritte für ein erfolgreiches Unternehmen:

1. Ein Gefühl der Dringlichkeit erzeugen,

2. eine Führungskoalition aufbauen,

3. Vision und Strategie entwickeln,

4. die Vision des Wandels kommunizieren,

5. Empowerment auf breiter Basis sicherstellen,

6. kurzfristige Ziele ins Auge fassen,

7. Erfolge konsolidieren und weitere Veränderungen ableiten und

8. neue Ansätze in der Kultur verankern.

6.1.2 Innovationskompetenz als Verknüpfung von Innovationsmanagement und Veränderungsmanagement

Während das Innovationsmanagement vor allem einzelne Elemente oder Faktoren und deren Interaktion (siehe auch das sogenannte Sieben-S-Modell im Abschnitt 6.3: Harte oder weiche Faktoren) beschreibt, die Innovationen generieren, beschäftigt sich das Veränderungsmanagement mehr mit dem Prozess (zum Beispiel einer Organisationsentwicklung).

Beide Begriffe sind weitgehend miteinander verzahnt. So führt Innovationsmanagement in den meisten Fällen zu Veränderungsprozessen im Unternehmen, die es zu managen gilt. Und das Ziel von Veränderungsmanagement ist zumeist, Innovationen zu generieren.

Aus dieser Sichtweise heraus sollen in diesem Kontext Methoden und Werkzeuge beider Managementrichtungen miteinander kombiniert werden, und zwar in dem Sinne, dass im Abschnitt „Rahmenbedingungen" auf einzelne Faktoren der Innovationskompetenz eingegangen wird, während darauf folgend der Prozess als Veränderungsprozess beschrieben wird.

Die ersten drei Abschnitte („Innovationskompetenz: Veränderungsmanagement oder Innovationsmanagement?", „Innovationskultur: Beauty or Duty?" und „Harte oder weiche Faktoren?") sind dem Thema Reflektieren über Innovationskompetenz gewidmet und deshalb auch mit einem Fragezeichen versehen. Die folgenden beiden Abschnitte („Rahmenbedingungen für Innovationskompetenz" und „Kultivieren & Vitalisieren") gehen darauf ein, wie Innovationskompetenz in Unternehmen nachhaltig kultiviert werden kann.

Zur Abrundung des Kapitels haben wir abschließend Material zusammengestellt, das bei der Umsetzung hilfreich sein kann.

6.2 Innovationskulturen: Beauty or Duty?

6.2.1 Bedeutung der Unternehmenskultur als Faktor für wirtschaftlichen Erfolg

Im Sommer 2009 wurden im Rahmen einer Studie von Kienbaum [31], die von John Kotter und James Heskett [32], durchgeführt wurde, 157 Manager befragt, und zwar sowohl Geschäftsführer und Manager aus der mittleren Führungsebene und aus dem Personalbereich aus Großunternehmen als auch solche aus mittelständischen Betrieben.

Über elf Jahre hinweg wurden erfolgreiche Unternehmen mit weniger erfolgreichen verglichen. Das Ergebnis zeigte, dass Firmen mit einer ausgeprägten Firmenkultur ihre Gewinne um durchschnittlich über 700 Prozent steigern konnten, im Vergleich zu der anderen Gruppe, die es nur auf ein Prozent Steigerung brachte. Bei dieser Studie geht es zwar um Unternehmenskultur generell, aber die Ergebnisse sind sicherlich mindestens ebenso relevant und aufschlussreich, wenn es sich um eine Unternehmenskultur handelt, die auf Innovationen ausgerichtet ist. So heißt es: „Die Ergebnisse zeigen, dass die Unternehmenskultur heute trotz Finanz- und Wirtschaftskrise als ein wesentlich wichtigerer wirtschaftlicher Erfolgsfaktor betrachtet wird als früher und dass diese Bedeutung künftig noch deutlich zunehmen wird." [32]

Dabei überrascht besonders, dass Unternehmenskultur für alle Unternehmensgrößen in gleicher Weise relevant zu sein scheint.

Wenn die Unternehmenskultur festgemacht wird an der Identifikation der Mitarbeiter, deren Teamorientierung, der Förderung der beruflichen Entwicklung,

einem fairen Miteinander und der Veränderungsfähigkeit, kommt die Studie zu
dem Ergebnis, dass 31 Prozent des finanziellen Erfolges durch diese Faktoren
erklärt werden können. Ferner sind auch die Gründe für Kündigungen hoch
qualifizierter Mitarbeiter zu 32 Prozent auf die in diesen Fällen mangelnde Unternehmenskultur zurückzuführen.

Wie in **Abbildung 6.2** dargestellt, wurde früher der Unternehmenskultur als
wirtschaftlichem Erfolgsfaktor eine vergleichsweise geringe Bedeutung beige-
messen. Im Vergleich dazu sind es heute schon 45 Prozent, die die Bedeutung als
hoch einschätzten, und 24 Prozent als sehr hoch. Dabei wurde auf Ebene des
Vorstands oder der Geschäftsleitung wesentlich häufiger die höchste Bewertung
vergeben als auf Ebene des mittleren Managements. Besonders hoch wird die
Bedeutung der Unternehmenskultur für die Zukunft eingestuft, hier stuften alle
Ebenen die Bedeutung mit 88 Prozent und mehr als hoch oder sehr hoch ein.

Abbildung 6.2   Kultur wird wichtiger – Bedeutung der Unternehmenskultur
für den wirtschaftlichen Erfolg (Anteil der Antworten „hoch"
oder „sehr hoch" an allen gegebenen Antworten in Prozent)

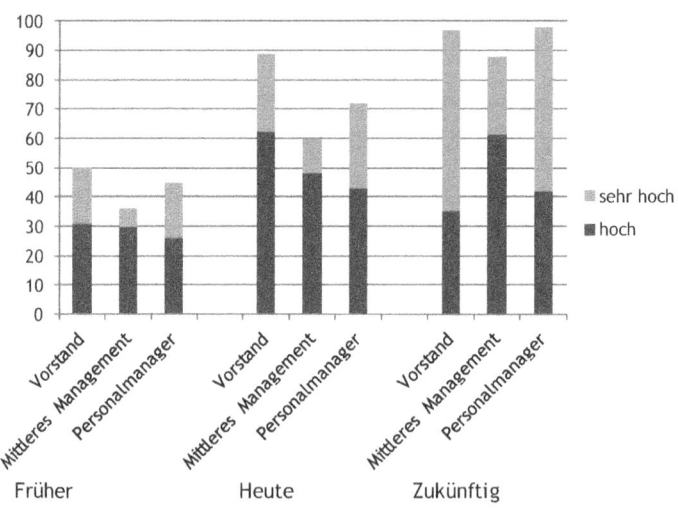

(Quelle: basierend auf Daten aus [31])

6.2.2 Umsetzung von Leitbildern im Unternehmen

Abbildung 6.3 stellt dar, wie gut es Unternehmen gelingt, ihr Leitbild umsetzen. Sie zeigt auch, dass die befragten Firmenchefs davon ausgehen, dass einmal definierte Werte, Leitbilder und Strategien auch realisiert werden, wenn diese den Mitarbeitern bekannt sind und verstanden werden. Die Schwächen im System liegen nicht im Definieren von Werten und Leitbildern, sondern in erster Linie in deren Umsetzung, so dass auch aus perfekt definierten Leitbildern in der Realität „**Leidbilder**" werden können.

Abbildung 6.3   Überschätzte Visionen – Wie gut Leitbilder in Unternehmen umgesetzt werden

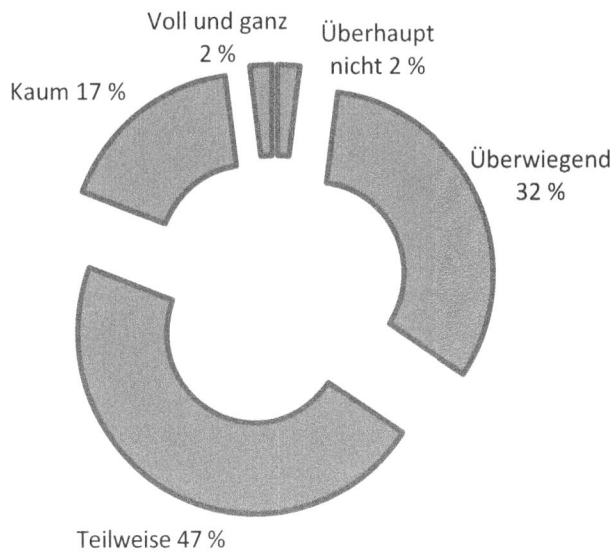

Voll und ganz 2 %

Überhaupt nicht 2 %

Kaum 17 %

Überwiegend 32 %

Teilweise 47 %

(Quelle: basierend auf Daten aus [28])

Leitl und Sackmann fassen daher zusammen: „Eine derartige Entkoppelung von strategischer Orientierung und operativer Umsetzung trägt sicher dazu bei, dass fast die Hälfte aller Change-Management-Projekte scheitert." [31].

6.2.3   Geringe Veränderungsbereitschaft und Gründe hierfür

Abbildung 6.4 verdeutlicht, dass die Bereitschaft zu Veränderungen entlang der Führungsebenen von oben nach unten deutlich abnimmt.

Abbildung 6.4   Veränderungsbereitschaft nach Hierarchieebenen
(Angaben in Prozent)

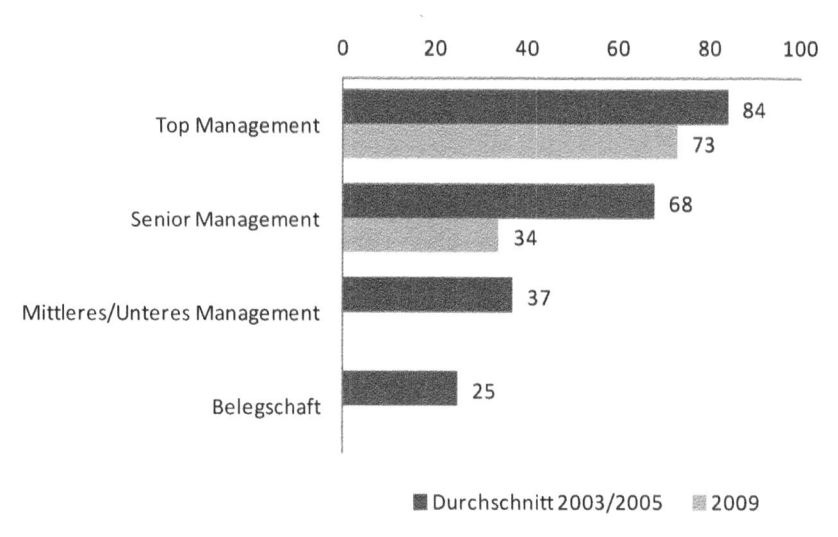

(Quelle: basierend auf Daten aus [33])

Claßen und von Kyaw haben darüber hinaus im Jahr 2009 untersucht, was die Hauptgründe für eine geringe beziehungsweise mangelnde Veränderungsbereitschaft sind.

Abbildung 6.5   Hauptgründe für mangelnde Veränderungsbereitschaft
(Angaben in Prozent)

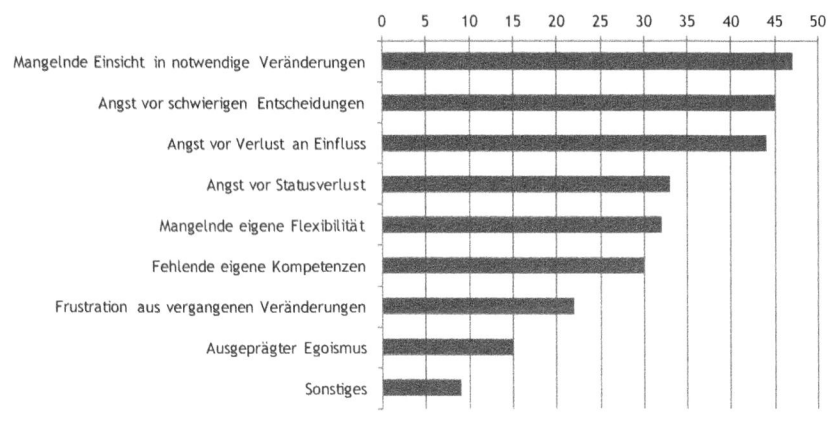

(Quelle: basierend auf Daten aus [30])

In **Abbildung 6.5** sind die Angaben dargestellt, die Manager als Gründe für mangelnde Veränderungsbereitschaft in ihren Unternehmen angeben. Im Mittelpunkt stehen dabei sowohl ein mangelndes Verständnis für das jeweilige Vorhaben als auch individuelle Ängste.

Die Angst vor schwierigen Entscheidungen ist dabei vor allem auf großen Druck und gefürchtete Sanktionen zurückzuführen.

Wie aber auch schon in den vorangehenden Kapiteln dargestellt, kommt hier noch der Effekt dazu, dass oftmals die **persönliche Betroffenheit** in Bezug auf anstehende Veränderungen in der Hierarchie von oben nach unten immer weiter zunimmt, gleichzeitig aber das **Maß der Selbstbestimmtheit** in dieser Richtung abnimmt.

Diese Ergebnisse zeigen nicht nur deutlich, woran Veränderungsprozesse kranken können. Sie geben auch Hinweise, welche Voraussetzungen gegeben sein sollten, wenn ein Unternehmen sich entscheidet, Neuland zu betreten.

6.3   Harte oder weiche Faktoren?

Zu Beginn der 80er Jahre entwickelten Tom Peters und Robert Waterman [34] als Ergebnis einer internationalen Studie, in der Unternehmen in Bezug auf ihren Erfolg verglichen wurden, das sogenannte „**Sieben-S-Modell**" mit drei harten und vier weichen Faktoren. Da Peters und Waterman zu dieser Zeit bei McKinsey als Berater tätig waren, wird das Modell auch McKinsey Sieben-S-Modell genannt. Auch diese Studie kam zu dem Ergebnis, dass der Unternehmenserfolg bei gleicher Stärke und Effizienz in Bezug auf Organisationsstruktur, strategische Ausrichtung und Produktionsprozesse im Wesentlichen von der Unternehmenskultur bestimmt wird, die erst alle Faktoren zum Leben erweckt.

Unternehmenskultur wird seit dieser Zeit nicht nur als „nice to have", sondern als absolutes Muss angesehen. In **Tabelle 6.1** sind diese einzelnen Faktoren dargestellt und übersetzt.

Tabelle 6.1   Harte und weiche Faktoren des Sieben-S-Modells

Harte Faktoren	Weiche Faktoren
Strategy (Strategie)	Shared Values (Selbstverständnis: gemeinsam geteilte Werte)
Structure (Struktur, Hierarchie)	
Systems (Systeme, Arbeitsabläufe)	Skills (Spezialkenntnisse: Fähigkeiten eines Unternehmens, Kernkompetenzen)
	Style (Stil: Führungsstil und die Form des Miteinanders)
	Staff (Stammpersonal: die Fähigkeiten aller Mitarbeiter)

(Quelle: [34])

In **Abbildung 6.6** ist das Modell grafisch dargestellt. Wie die Darstellung zeigt, sind alle Faktoren des Systems interaktiv. Das heißt, wenn sich ein Faktor verändert, verändert sich das ganze System.

Die harten Faktoren (Strategie, Struktur und Systeme) sind nicht nur leichter zu definieren und zu identifizieren, sondern auch direkter zu beeinflussen.

Abbildung 6.6 Sieben-S-Modell

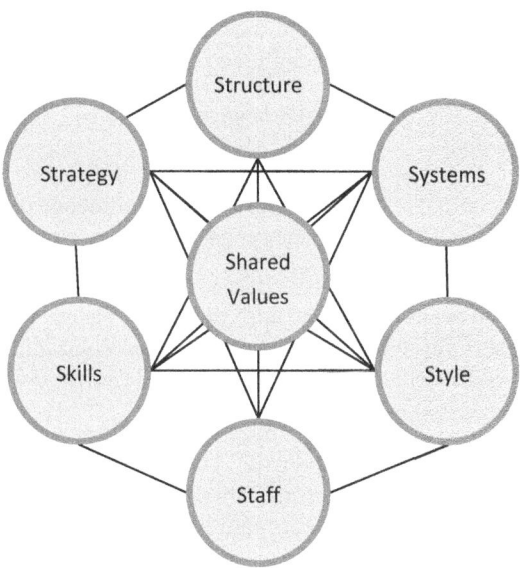

(Quelle: [34])

Die weichen Faktoren (Selbstverständnis, Stil, Stammpersonal und Spezialkenntnisse) dagegen sind weniger greifbar und werden vor allem durch die Unternehmenskultur beeinflusst. Zu erinnern sei, dass Unternehmenskultur auf jenen grundlegenden gemeinsamen Überzeugungen beruht, die das Denken, Handeln und Empfinden der Führungskräfte und Mitarbeiter im Unternehmen maßgeblich beeinflussen. Diese Faktoren, wenn sie im Unternehmen wirklich gelebt werden, sind sicherlich tendenziell nur mittel- bis langfristig zu beeinflussen. Zu diesem Thema seien noch einmal Peters und Waterman zitiert:

„All das, was Sie so lange als nicht beeinflussbare, irrationale, intuitive oder informelle Elemente der Organisation abgetan haben, kann doch durch Führungsmaßnahmen gesteuert werden. Und diese Faktoren haben mit Sicherheit genauso viel oder noch mehr mit dem Erfolg (oder Misserfolg) Ihres Unternehmens zu tun wie die formalen Strukturen und Strategien.

Es wäre unklug, das nicht zur Kenntnis zu nehmen, denn hier haben wir den Rahmen und die Instrumente, um es zu durchdenken und zu managen. Hier können Sie wirklich eine neue Stärke aufbauen." [34]

Wichtig ist die Erkenntnis, dass sowohl die harten als auch die weichen Faktoren wichtig sind und sich gegenseitig beeinflussen.

Um zu zeigen, dass alle Bereiche gleich wichtig sind, soll eine Metapher vom Segeln benutzt werden.

> Damit ein Segelboot volle Fahrt auf den Zielhafen aufnehmen kann, braucht es ein solide gebautes Boot, gute Steuerungsfähigkeiten, eine fähige Crew und Wind im Segel.
>
> Fehlt der Wind im Segel, so bringen auch die besten Steuerungsfähigkeiten das Boot nicht in Fahrt. Bläst dagegen ein vortrefflicher Wind und die Mannschaft kann das Boot nicht steuern, besteht trotzdem die Gefahr, dass es kentert und die Mannschaft das Ziel nicht erreicht.

Die Steuerungsfähigkeiten stehen hier für Strategie und Organisationsstruktur, der Wind für Motivation, Begeisterungsfähigkeit und Kreativität, die sich erst entwickeln, wenn die weichen Faktoren stimmig sind.

Abbildung 6.7 soll genau diesen Zusammenhang zeigen: Von unten nach oben ist die Gesamtenergie eines Individuums oder Teams aufgezeichnet und von links nach rechts das Klima in der Gruppe oder im Team.

Je bedrohlicher das Klima erlebt wird, um so mehr Energie wird für das emotionale Überleben benötigt. Je kooperativer und unterstützender die Atmosphäre erlebt wird, desto mehr Energie ist verfügbar für Kreativität und Problemlösungen.

Abbildung 6.7 Kreativitätsklima in Abhängigkeit der verfügbaren Energie

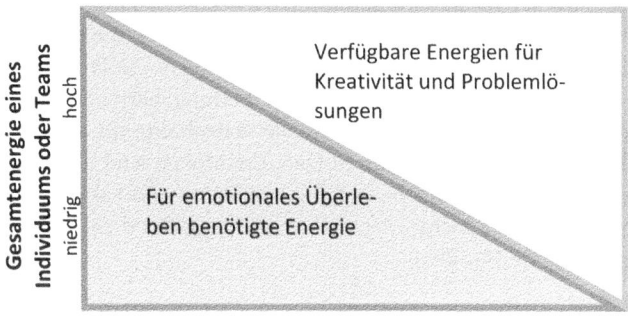

Klima
Bedrohlich gegensätzlich neutral kooperativ unterstützend

Welche Faktoren bestimmen nun das Kreativitätsklima?

Im **negativen Sinne** all das, was uns unglücklich macht:

- Missachtung, Missbilligung, Abwertung,
- Un- oder Missverständnis,
- Ängste, Verurteilungen, Machtkämpfe und vieles mehr.

Im **positiven Sinne** all das, was uns glücklich macht:

- Das Gefühl von Beachtung und Anerkennung,
- Wertschätzung, Interesse,
- Verständnis.

Wenige von uns halten es gut aus, nicht gemocht oder wenigstens wertgeschätzt zu werden.

Und noch etwas anderes ist in diesem Zusammenhang wichtig: Motivation und damit Leistungsfähigkeit steigen durch entsprechende Erfolgserlebnisse.

Die meisten Veränderungsprojekte scheitern auf der Beziehungsebene. Sie werden sicher auch in Ihrem Umfeld die Erfahrung gemacht haben, dass immer wieder eine Situation eintritt, in der Sachprobleme gegen alle Vernunft nicht gelöst werden können, in der Sand im Getriebe zu sein scheint. In diesen Fällen sind erst auf der Beziehungsebene die Probleme zu lösen, bevor auf der Sachebene Resultate erzielt werden können.

Management nach Mintzberg [35] empfiehlt: „Planning on the left side, managing on the right side!" Das bedeutet, dass wir in der Regel die linke, die „rationale" Hirnhälfte für die Wahrnehmung und Verarbeitung harter Faktoren einsetzen und in der Regel die rechte, die „emotionale" Hirnhälfte für die Wahrnehmung und Verarbeitung weicher Faktoren nutzen. Emotionen sind dabei evolutionsgeschichtlich die Instrumente zur Bewertung von Daten und Fakten und sind daher – ob es uns gefällt oder nicht – letztlich ausschlaggebend für die Einschätzung und das resultierende Handeln.

Unter diesem Aspekt kommt auch dem Geschichtenerzählen eine andere Bedeutung zu: Wir werden stärker durch Emotionen beeinflusst als durch Daten und Fakten.

Wie eine Schere dann schneidet, wenn beide Klingen scharf sind und zusammenwirken, bringt eine ausgewogene Unternehmensentwicklung erst unter Berücksichtigung beider Ebenen die gewünschten Erfolge.

6.4 Rahmenbedingungen für Innovationskompetenz

6.4.1 Das Innovationskompetenzmodell

Innovationen werden von Menschen gestaltet, die kompetent, kreativ, risikobereit, motiviert, flexibel und anpassungsfähig sind; von Menschen, die nicht nur entdecken und verändern wollen, sondern auch verändern können.

Die Frage ist nun: Unter welchen Rahmenbedingungen entwickeln Menschen und Organisationen diese Eigenschaften?

Abbildung 6.8   Innovationskompetenzmodell

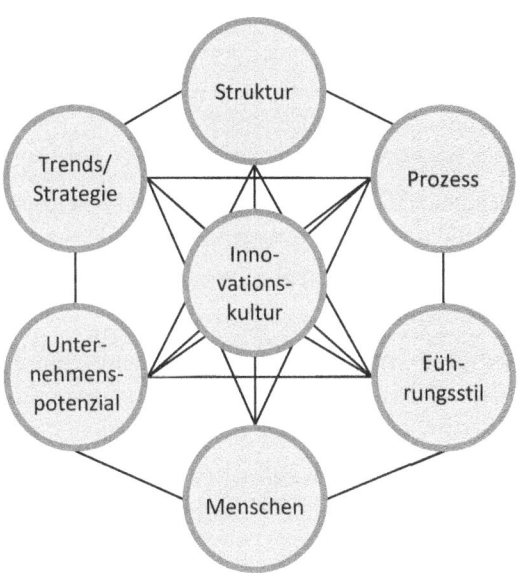

Zur Herangehensweise an diese Frage soll das in **Abbildung 6.8** dargestellte Modell der Innovationskompetenz verwendet werden, das aus dem Sieben-S-Modell entwickelt wurde. Es berücksichtigt wesentliche für Innovationskompetenz relevante Faktoren, insbesondere sowohl harte als auch weiche Faktoren. Es ist systemisch zu verstehen, das heißt, dass alle Faktoren voneinander abhängig sind.

Wenn sich beispielsweise der Führungsstil verändert, kann dies Rückwirkungen auf die Organisationsstruktur haben. Eine Veränderung der Organisationsstruktur beeinflusst wiederum Veränderungsprozesse und so weiter.

1. **Innovationskultur** steht im Mittelpunkt und stellt gewissermaßen das Herz dar, das auf alle anderen Faktoren ausstrahlt. Hier ist zu fragen: Was sind die dominanten Werte und Normen, die im Unternehmen gelebt werden, und wie wirken sie sich auf das Generieren von Innovationen aus?

2. **Führungsstil**: Wie kann, vor allem durch eine Beteiligung der Mitarbeiter, dazu beigetragen werden, dass Identifikation und Engagement in Bezug auf die Innovationsaufgaben entstehen?

3. **Menschen**, die für das Unternehmen arbeiten, und deren Wissen, aber auch externe Kooperationen: Wie kann Personalmanagement so gestaltet werden, dass interne und externe Mitarbeiter nicht nur begeistert und motiviert, sondern auch darin unterstützt werden, ihre Kompetenzen weiterzuentwickeln und miteinander zu kooperieren?

4. **Unternehmenspotenzial**: Wie können aktuelle und potenzielle Kompetenzen genutzt werden, um Innovationen zu generieren und umzusetzen?

5. **Innovationsstrategien**: Wie können aus Trends Chancen für das Unternehmen abgeleitet werden?

6. **Organisationsstruktur**: Wie kann das Unternehmen organisiert und strukturiert werden, damit Ideen entwickelt und Innovationen optimal generiert und umgesetzt werden können?

7. **Veränderungsprozess**: Wie kann sichergestellt werden, dass die Umsetzungsprozesse so effizient wie möglich gestaltet werden?

Im Folgenden wird nun auf einzelne Faktoren eingegangen.

6.4.2   Innovationskultur

Warum steht hier die Innovationskultur eines Unternehmens im Mittelpunkt und stellt gewissermaßen das Herz dar?

Innovationskultur soll hier verstanden werden als ein System von geteilten Werten, die auf Innovationen ausgerichtet sind. Diese Werte können in modernen Unternehmen die Essenz sein, die Strukturen weitgehend ersetzt.

Gemeint ist damit Folgendes: In Netzwerken aus eigenverantwortlichen Spezialisten werden herkömmliche Hierarchien, Führungsstrukturen und Kontrollmechanismen weitgehend unbrauchbar.

Wie kann die Unternehmensführung Zusammenhalt, Koordination und Kooperation sicherstellen, wenn nicht durch ein gemeinsames Wertsystem?

Es sollen dazu ausgewählte Aspekte herausgegriffen werden, die als besonders wichtig anzusehen sind, wenn es gilt, im Unternehmen eine Innovationskultur nicht nur zu etablieren, sondern auch zu verstetigen und zur Innovationskompetenz auszubauen:

■ Vertrauenskultur,

■ richtig verstandene Harmonie,

■ Identifikation mit dem Unternehmen,

■ das Schaffen einer Kultur von Begeisterung und Kreativität und

■ das Zulassen einer kalkulierten Risikobereitschaft.

Schaffen einer Vertrauenskultur

Flexibilität, Innovation und Engagement der Mitarbeiter können sich nur in einer Umwelt von Vertrauen und Risikofreundlichkeit entwickeln. Misstrauen demoralisiert und Angst lähmt, Ermutigung dagegen motiviert Mitarbeiter, ihr Bestes zu geben und kreativ zu sein.

Diese Vertrauenskultur ist auch die Bedingung dafür, von der Vielzahl von Gesichtspunkten und unterschiedlichen Ideen zu profitieren. Vertrauen braucht Kontinuität in den Beziehungen durch wechselseitige positive Erfahrungen. Vertrauen ist schwer aufzubauen, aber leicht zu zerstören. Es ist vergleichbar mit einem Baum, der lange braucht, um zu wachsen, aber in kürzester Zeit gefällt werden kann.

Angst und Überforderung führen zu Stress. Und Stress führt zu einer Verengung des Fokus, zum sogenannten Tunnelblick und zu einer Reduktion des eigenen Potenzials und der erlebten Fähigkeiten. Allein deshalb ist es wichtig, Stress zu vermeiden, weil Fähigkeiten, Energiereserven und damit die Produktivität leiden (siehe auch Abb. 6.7).

Lassen Sie mich wieder am Beispiel des Segelbootes erklären, was gemeint ist:

Wenn das Klima rau ist und Wind und Wellen gewaltig sind, wird das Boot in Schieflage geraten und voll Wasser laufen: Die gesamte Crew wird zwangsläufig damit beschäftigt sein, Wasser zu schöpfen, um das Boot wieder flott zu machen. Scheint dagegen die Sonne und bläst ein kräftiger Wind, kann die gesamte Mannschaft ihrer gewohnten Arbeit nachgehen und gleichzeitig die Fahrt genießen.

Sie alle werden die Situation kennen, ob privat oder im Betrieb, wenn das Klima bedrohlich ist und Sie einen großen Teil Ihrer Energie dazu benötigen, emotional zu überleben. Denken Sie allein an die Zeit und psychische Kraft, die oft in Betrieben für Machtkämpfe oder Konflikte verbraucht werden.

Harmonie soll hier nicht im Sinne von Frieden und Freuden verstanden werden, sondern als das Ergebnis einer konstruktiven Auseinandersetzung. Gerade aus kontroversen Standpunkten können neue Ideen entstehen.

Identifikation mit dem Unternehmen

Eine kleine Geschichte von drei Maurern soll illustrieren, was mit Identifikation mit dem Unternehmen gemeint ist.

> Ein Mann kam einmal zu einer Baustelle, auf der drei Maurer arbeiteten. Soweit er sehen konnte, machten alle ihren Job gut.
>
> Er fragte den ersten Mann, was er denn hier mache, und bekam die Antwort: „Ich verdiene hier mein Geld." Der zweite antwortete auf die gleiche Frage: „Sehen Sie nicht, dass ich der beste Maurer aller Zeiten bin?"
>
> Der Dritte überlegte eine Weile, bevor er antwortete, und dann sagte er: „Ich helfe hier mit, eine Kathedrale zu bauen."

Der erste Maurer symbolisiert den Mitarbeiter, dem nur das Geld wichtig ist. Dem Zweiten scheint mehr an Status und Karriere gelegen zu sein, und alle beide werden das Unternehmen sehr wahrscheinlich verlassen, wenn ihnen anderenorts bessere Bedingungen geboten werden, ihre Motivation ist extrinsisch. Das heißt, ihre Motivation entsteht dadurch, dass die beiden erwarten, aufgrund ihres Handelns externe, konkrete Vorteile oder Belohnungen zu erhalten, hier Geld und Anerkennung. Der Dritte ist wohl der, der intrinsisch motiviert ist. Das bedeutet, er vollbringt die Aufgabe um ihrer selbst Willen, die Aufgabe selbst liefert ihm Anreiz, sie zu bewältigen. Er identifiziert sich mit seinem Unternehmen und ist stolz, für seine Firma zu arbeiten.

Schaffen einer Kultur von Begeisterung und Kreativität

Eine Kultur von Begeisterung und Kreativität kann geschaffen werden, indem Mitarbeiter auf allen Organisationsebenen ermutigt werden, ihre Kreativität und Inspiration zu nutzen.

Begeisterung erzeugt, so der Hirnforscher Gerald Hüther, jedes Mal im Gehirn eine Aktivierung der emotionalen Zentren. „Das ist der Grund, warum wir bei all dem, was wir mit Begeisterung machen, auch so schnell immer besser werden. Begeisterung ist Doping für Geist und Hirn." [36].

Hüther erläutert auch, dass „Unternehmen, die einem gut funktionierenden menschlichen Gehirn gleichen, [...] auch optimale Voraussetzungen bieten, um gut zu funktionieren. Denn damit ein Mitarbeiter Innovationsgeist entwickeln kann, braucht er das richtige Umfeld. Auch wenn sich bis heute schlecht untersuchen lässt, was Kreativität eigentlich ist, so lassen sich inzwischen doch einige neurobiologische Voraussetzungen und äußere Bedingungen beschreiben, die für das Zustandekommen kreativer Leistungen erfüllt sein müssen.

Aus neurobiologischer Sicht ist das menschliche Gehirn nicht zum Abarbeiten von Routinen, sondern für kreatives Problemlösen optimiert. Da sich die Verschaltungsmuster der Nervenzellen – je nachdem wie sie genutzt werden – entweder erweitern und festigen oder aber verkümmern und auflösen, braucht das Gehirn immer wieder neue andersartige Herausforderungen, damit es nicht in eingefahrenen Routinebahnen stecken bleibt. Es braucht neue Probleme, die unter die Haut gehen, weil sie wichtig erscheinen, und die sich auf den eingefahrenen Bahnen des Denkens nicht lösen lassen.

Ist das Gehirn mit solch einer Herausforderung konfrontiert, entsteht in seinen komplexen Nervenfasernetzen eine Erregung (Arousal), die sich ausbreitet, auf tiefer liegende ältere Bereiche des Gehirns überspringt und dort eine emotionale Aktivierung auslöst. Um diese emotionale Erregung wieder zu beruhigen, fängt das Hirn an, ernsthaft nach einer Lösung zu suchen." [37]

Im antiken Griechenland hat man übrigens versucht, menschliches Verhalten und seine Beweggründe mit dem Prinzip des Hedonismus zu erklären. Demnach liegt es in der Natur des Menschen, Vergnügen oder Lust anzustreben und Unlust oder Schmerz zu vermeiden. Der griechische Philosoph Aristippos, Schüler des Sokrates, sah in diesen subjektiven Empfindungen den wichtigsten Grund für menschliches Verhalten.

Um Innovationskompetenz entwickeln zu können, müssen die nötigen Freiräume geschaffen und Mitarbeiter mit Kreativitätstechniken vertraut gemacht werden.

Keine Kreativitätstechnik kann garantieren, dass daraus bahnbrechende Innovationen entstehen, aber die Wahrscheinlichkeit, dass überhaupt neue Ideen generiert werden, steigt beträchtlich. Beispiele für effiziente Kreativitätstechniken sind bereits im Kapitel „Analysieren & Entscheiden" dargestellt worden.

Tony Schwarzer [38] illustriert in einem Artikel über „Mission Entspannung",
dass Menschen im Gegensatz zu Computern nicht ständig mit Spitzenbelastun-
gen arbeiten können und dass sie am leistungsfähigsten und produktivsten sind,
wenn Phasen der Konzentration und Regeneration einander abwechseln. Und in
diesem Zusammenhang möchte ich noch auf etwas anderes hinweisen: Die besten Pferde im Reitstall wird man ganz besonders pflegen, damit sie im Rennen
tatsächlich die Spitzenleistung bringen können; man wird sie nicht auf dem
Acker arbeiten lassen, sondern alles tun, damit sie die Einsatzgebiete und Rahmenbedingungen vorfinden, unter denen sie am erfolgreichsten sein können.

Zulassen einer kalkulierten Risikobereitschaft

Während in der Produktion Fehler nicht zulässig sind, denken Sie nur an Toyota
oder Airbus, ist Risikobereitschaft eine wesentliche Bedingung im innovativen
Prozess, weil ansonsten jegliche Kreativität blockiert und Initiative gelähmt wird.
Fehler können auch nützlich und wichtig sein, weil aus ihnen häufig neue Problemlösungen entstehen.

Hierzu noch einmal Gerald Hüther:

„Schaffen Sie eine positive Fehlerkultur! Angst entsteht als Folge von Verunsiche-
rung. Sie löst im Gehirn ein archaisches Notfallprogramm aus, das nur noch drei
Verhaltensweisen zulässt: Angriff, Flucht oder Erstarrung. Andere komplexe,
handlungsleitende Erregungsmuster sind nicht mehr aktivierbar. Kreative Problemlösungen sind unter solchen Umständen unmöglich. Übertragen auf das Management bedeutet das: Es muss dafür sorgen, dass die Mitarbeiter möglichst
wenig Druck und Versagensangst verspüren. Dafür ist vor allem eine positive
Fehlerkultur notwendig. Heißt: Fehler sollten nicht bestraft, sondern vielmehr als
Chance gesehen werden, aus ihnen zu lernen. Im Kreativprozess muss ein jeder
das Recht haben, Fehler zu machen – ohne Sanktionen zu befürchten." [37]

Speziell das dürfte Ihnen bekannt vorkommen, weil oftmals propagiert. Die Praxis zeigt aber mindestens ebenso oft deutliche Differenzen zwischen Anspruch
und Wirklichkeit.

6.4.3   Führungsstil

Es ist die Frage, welches Führungsstils es bedarf, um das Feuer der Begeisterung
in Mitarbeitern zu entfachen und die Flamme der Innovationen am Brennen zu
halten.

Die Studien, die Morhart und Jenewein durchgeführt haben, deuten an, dass Gegensätze miteinander verbunden werden müssen: „Kontrolle mit Freiheit, Bindung an die Gruppe mit Individualität, Pflichtgefühl mit Selbstverwirklichung. Letztlich geht es darum, emotionales Management mit rationalem Management zu verbinden." [39]

Dabei kann folgende goldene Regel angewandt werden: So viel rationales Management (Steuerung, Strukturen, Regeln, Kontrolle) wie nötig und so viel emotionales Management wie möglich. Rationales Management ist hier identisch mit den harten Faktoren, und emotionales Management entspricht den weichen Faktoren.

Da schon viel über dieses Thema gesagt wurde, soll in diesem Zusammenhang nur noch auf drei Faktoren fokussiert werden: auf das Schaffen von dynamischen Hierarchien, auf die Beteiligung der Mitarbeiter am Innovationsprozess und auf die Integration aller Bereiche in den Innovationsprozess.

Schaffen von dynamischen Hierarchien

Um Innovationsprozesse in Gang zu bringen, ist es wichtig, traditionelle und formale Hierarchien abzuschaffen und diese durch natürliche Hierarchien zu ersetzen, bei denen Status und Einfluss von Mitarbeitern weniger durch Positionen definiert werden, sondern mehr durch deren Beitrag zum Unternehmenserfolg. Hierarchien sollten dynamisch sein und neue Ideen genauso wichtig wie Erfahrungen.

Beteiligung der Mitarbeiter am Innovationsprozess

Wenn Entscheidungen nur auf der obersten Ebene der Geschäftsführung getroffen werden, wird all das Wissen derjenigen nicht berücksichtigt, die näher am Markt sind und die Konsumenten besser kennen.

Dies ist ganz besonders wichtig für Innovationen, egal, ob es sich um Produkt-, Prozessinnovationen oder um Neuorganisationen handelt.

Ferner ist die Motivation der Mitarbeiter, die später Entscheidungen umsetzen müssen, viel höher, wenn sie am Entscheidungsfindungsprozess beteiligt werden.

Integration aller Bereiche in den Innovationsprozess

Bei Produktinnovationen besteht die Innovationskette im Wesentlichen aus Forschung und Entwicklung, Produktion, Marketing und Produktanwendung. Wenn alle Bereiche zum richtigen Zeitpunkt am Innovationsprozess beteiligt sind, steigt die Wahrscheinlichkeit von marktfähigen Innovationen.

Abbildung 6.9   Gegenläufiger Zusammenhang zwischen Beeinflussbarkeit der
                    Kosten und entstandenen Projektkosten

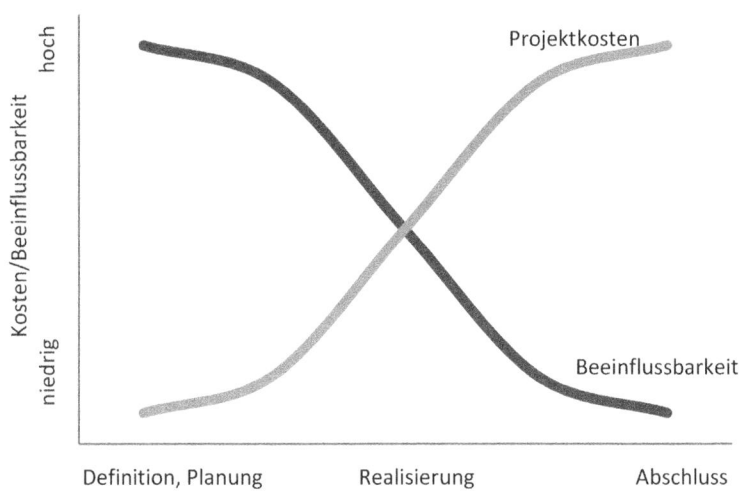

Wichtig ist dabei, dass die Einbeziehung aller Bereiche so früh wie möglich geschehen sollte, denn dadurch lassen sich häufig Probleme im Vorfeld lösen oder
Fehler vermeiden, deren spätere Beseitigung in vielen Fällen erheblich kostspieli-
ger werden kann. Dieser Zusammenhang ist in **Abbildung 6.9** dargestellt.

Tipp: Je weniger am Anfang an mögliche Fehler gedacht wird, umso mehr
sinkt das Kostenbeeinflussungspotenzial mit dem Projektverlauf, während die
Projektkosten in Abhängigkeit vom Projektverlauf steigen.

6.4.4   Unternehmenspotenziale

Fredmund Malik [40] verweist in seinen Managementbüchern immer wieder
darauf, dass sich ein Unternehmen auf seine Stärken ausrichten sollte. Er ver-
gleicht es mit einem Orchester: Wenn einer der Musiker besonders gut Geige
spielen kann, dann soll er noch besser Geige spielen lernen, aber nicht anfangen,
seine Schwächen im Klavierspielen auszugleichen.

Ähnlich ist der Ansatz des **Konzepts der Kernkompetenzen**, das von Prahalad und Hamel entwickelt wurde. Kernkompetenzen werden hier gesehen als „... the skills that enable a firm to deliver a fundamental customer benefit"[41] (... die Fähigkeiten, die ein Unternehmen in die Lage versetzen, wesentlichen Kundennutzen zu liefern).

Kernkompetenzen sind ein Bündel von Fähigkeiten, welche die Grundlage für die Kernprodukte und die darauf aufbauenden Endprodukte eines Unternehmens darstellen und welche sich durch schwierige Erzeugbarkeit, Imitierbarkeit und Substituierbarkeit auszeichnen.

Um zu entscheiden, was eine Kernkompetenz ist, schlagen Prahalad und Hamel drei Anforderungen vor:

1. Kernkompetenzen haben das Potenzial, den Zugang zu einer Vielzahl von Märkten zu ermöglichen.

2. Kernkompetenzen sollten einen wesentlichen Beitrag zum wahrgenommenen Kundennutzen des Endproduktes haben.

3. Eine Kernkompetenz sollte schwierig zu kopieren sein. Konkurrenzunternehmen können sich Kernkompetenzen nicht leicht aneignen, sondern müssen diese Kompetenzen langsam aufbauen.

Zur Veranschaulichung der Wirkungsweise der Kernkompetenzen entwarfen Prahalad und Hamel das **Baummodell**, das in **Abbildung 6.10** dargestellt ist. Hier bilden Kernkompetenzen die Wurzeln, auf denen der Stamm steht, der Kernprodukte symbolisiert. Die Äste werden durch sogenannte strategische Geschäftseinheiten gebildet. An diesen hängen Blätter und Früchte, die sich zyklisch erneuernden Produkten entsprechenden.

Die Definition dieser strategischen Geschäftseinheiten (SGE) bildet die Grundlage für die Entwicklung von Marketingstrategien, insbesondere in stark diversifizierten Unternehmen. SGEs sind das Ergebnis einer Segmentierung und Gliederung der Geschäftsaktivitäten nach unternehmensinternen und unternehmensexternen Kriterien in einzelne, autonome Bereiche mit klarer Kompetenz- und Verantwortungszuordnung.

Abbildung 6.10   Baummodell

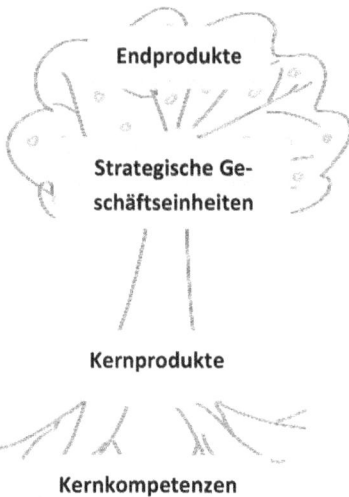

(Quelle: [41])

Der Aufsatz von Prahalad und Hamel hat besonders in der Managementpraxis viel Aufsehen erregt, aber auch viel Enttäuschung verursacht. Ian Turner vom Henley Management College bemerkte: „After spending many hours in relentless pursuit of their companys core competencies, managers often concluded that the concept, whilst enormously appealing in the abstract, in practice merely gives rise to frustration and bewilderment." [42] (Nachdem sie viele Stunden in beharrlicher Suche nach den Kernkompetenzen ihres Unternehmens verbracht haben, folgern Manager häufig, dass das Konzept zwar abstrakt sehr ansprechend ist, in der Praxis jedoch nur zu Frustration und Verwirrung führt.)

Einen anderen Ansatz wählten Wilfried Krüger und Christian Homp 1997 [43], indem sie die Sicht des Kunden einnahmen. Sie stellten die folgenden Wesensmerkmale heraus. Die Kernkompetenz muss:

■ für den Kunden **relevant** sein,

■ dauerhafte **Wettbewerbsvorteile** sichern,

■ übertragbar sein auf **konkrete Produkte und Leistungen** und

■ **an das Unternehmen** und nicht an einzelne Mitarbeiter **gebunden** sein.

Das Modell von Krüger und Homp kann in unserem Zusammenhang gut verwendet werden, um das Unternehmenspotenzial in folgende Kompetenzen aufzugliedern:

Technologiekompetenz beschreibt die Kompetenz, neue Technologien zu bewerten, zu entwickeln und zu nutzen. Dabei wird unter einer Technologie das Wissen über naturwissenschaftlich-technische Wirkungszusammenhänge verstanden, das bei der Lösung praktischer Probleme angewandt werden kann.

Produktentwicklungskompetenz ist die Kompetenz, ein neues Produkt zu definieren, zu entwickeln und nutzbar zu machen. Dabei kann es sich um ein Produkt handeln, das konkrete Kundenprobleme löst, oder auch um ein Produkt, das einen ganz neuen Kundennutzen stiftet.

Unter **Marktentwicklungskompetenz** wird die Kompetenz verstanden, potenzielle Märkte zu definieren, zu bewerten und zu analysieren. Hier kann auf die Trendanalyse zurückgegriffen werden.

Einkaufskompetenz beschreibt die Kompetenz, den Beschaffungsprozess für Vorprodukte von vorgelagerten Wertschöpfungsstufen zu analysieren, zu bewerten und aufzubauen. Kennzeichnende Ressourcen im Einkauf sind beispielsweise: Kenntnisse über Rohmaterialien, Wissen über Preis- und Verfügbarkeitsentwicklung, etabliertes Lieferantennetzwerk, Lagerkapazitäten, effizienter Logistikprozess und Wissen über alternative Rohstoffe und deren Bezugsmöglichkeiten.

Produktionskompetenz ist die Kompetenz, potenzielle Produktionsprozesse zu analysieren, aufzubauen und sicherzustellen. Dazu gehören auch die Analyse, Bewertung und Nutzung von alternativen Produktionsprozessen im Umfeld.

Unter **Marketing- und Vertriebskompetenz** versteht man die Kompetenz, den Vertriebsprozess der Produkte zu nachgelagerten Wertschöpfungsstufen zu analysieren, zu bewerten und aufzubauen. Dazu gehören auch die Analyse, Bewertung und Auswahl potenzieller Absatzkanäle und nachgelagerter Serviceeinrichtungen.

Strategieentwicklungskompetenz beschreibt die Kompetenz, ein Geschäftsmodell für das Neugeschäft zu analysieren, zu bewerten und zu entwickeln sowie eine geeignete Organisationsform für das neue Geschäft zu finden.

Es kann mit einer Stärken-Schwächen-Analyse gearbeitet werden, bei der es nicht so wichtig ist, einen exakten Wert zu erfassen, als vielmehr unternehmenseigene Stärken und Schwächen in Bezug auf Innovationskompetenzen im Vergleich zur Konkurrenz zu schätzen, um einen Anhaltpunkt zu bekommen, welche strategischen Entscheidungen mit den eigenen Ressourcen übereinstimmen.

Generell gilt, dass ein Mitarbeiter mit Fachkompetenz, beispielsweise im Bereich der Technik, bessere Lösungen finden wird als ein Mitarbeiter ohne Technikkenntnisse. Der Spezialist oder Experte wird aber eher zur Betriebsblindheit neigen als der Generalist ohne spezifisches Fachwissen.

6.4.5   Bedeutung von kollektiver Intelligenz: Wissensmanagement

Wissen gewinnt immer mehr an Bedeutung. Neben Arbeit, Kapital und technischem Fortschritt wird Wissen mittlerweile als vierter Produktionsfaktor angesehen.

Wissen bezeichnet nicht nur das Buchwissen (engl. explicit oder auch disembodied knowledge), sondern auch die gesammelten Erfahrungen und durch Anwendung erworbenen Fähigkeiten, also implizites Wissen (englisch: Tacit oder auch Embodied Knowledge). [44]

„Die Unterscheidung in implizites und explizites Wissen unterstreicht die Sichtweise von Organisationen als lebende Systeme und nicht nur als informationsverarbeitende Gebilde. Ist erst einmal die wichtige Rolle identifiziert, die implizites Wissen in einer Organisation spielt, wird Innovation nicht nur als Zusammenbringen von Daten und Informationen begriffen, sondern als individueller Prozess persönlicher und organisatorischer Selbsterneuerung.

Den konventionellen Lernmethoden wäre der Rücken zu kehren und den weniger formalen und weniger systematischen Charakteristika von Wissen mehr Aufmerksamkeit zu schenken". [44]

Die Möglichkeit einer innovativen Unternehmensstrategie ergibt sich vor allem aus der Ungleichverteilung von Information und Wissen in der Wirtschaft. Diese Ungleichverteilung ermöglicht Informations- und Wissensvorsprünge, mit deren Hilfe Chancen frühzeitig erkannt und noch vor der Konkurrenz umgesetzt werden können.

Informations- und Wissensvorsprünge sind also eine Voraussetzung, um Wettbewerbsvorteile zu verwirklichen und zu sichern. Unternehmertum besteht „im Erkennen von wirtschaftlich relevanten Informations- beziehungsweise Wissensunterschieden sowie in der wirtschaftlichen Umsetzung derartiger Differenzen". [45]

Durch personalpolitische Maßnahmen kann erreicht werden, dass Wissensträger, vor allem Experten, an ein Unternehmen gebunden werden. Umso mehr Bedeutung kommt dem aktuellen Trend zu „**Finden und Binden**" zu, der nicht nur zu einer stärkeren Einbindung der Mitarbeiter beitragen kann, sondern auch das Abfließen von unwiederbringbarem Wissen vermeidet.

Experten stellen die Hauptwissensträger in Unternehmen dar. „Experten sind Personen, die über Spezialwissen verfügen und daraus fachliche Autorität zur Einschätzung zukünftiger Ereigniseintritte begründen." [46] Sie zeichnen sich durch Erfahrung und die Fähigkeit aus, ihr Wissen erfolgreich auf neue Situationen und Sachverhalte anzuwenden. Experten sind in diesem Sinne nicht nur Wissensträger, sondern auch „Wissensentwickler".

Wie können nun nicht nur die einzelnen Intelligenzen im Unternehmen genutzt werden, sondern koordiniert mehr Ideen erzeugen?

Kollektive Intelligenz ist ein altes Phänomen, auf das Fortschritte in **Informations- und Kommunikationstechnologien** neu und verstärkt hinweisen. Das **Internet** vereinfacht wie nie zuvor, verstreutes Wissen der Menschen zu koordinieren und so deren kollektive Intelligenz nutzbar zu machen.

Wie kann die Intelligenz von Gruppen genutzt werden, sodass das Ganze im Ergebnis mehr ist als die Summe der einzelnen Intelligenzen? Lassen sich die neuesten Kenntnisse aus der Natur über intelligente und äußerst effiziente Problemlösungen bei Ameisenkolonien, Zugvögeln und Fischschwärmen nicht auch in Unternehmen anwenden? Beispiele hierzu beschreibt Peter Miller in seinem Buch über Schwarmintelligenz. [47]

Eine einzelne Ameise oder Biene allein besitzt keine Lösungskompetenz und kann sich auch nicht an eine „Führungsperson" richten, da es diese bei in Kolonien oder Schwärmen lebenden Tieren nicht gibt. Nur die Summe der einzelnen Individuen, oder auch deren sich selbst organisierendes Zusammenspiel, wobei jedes einzelne zum Erfolg beiträgt, bringt die optimalen und schnellsten Lösungen zustande. Dieses Phänomen der **kollektiven Intelligenz** nennt man auch **Schwarmintelligenz.**

Hierzu ein Zitat aus der Zeitschrift „National Geographic": „Das ist das Reizvolle
an der Schwarmintelligenz: Egal, ob bei Ameisen, Bienen, Tauben oder Karibus,
immer addieren sich Aspekte individuellen Verhaltens in der Gruppe - dezentra-
le Lenkung, Reaktion auf Nachbarn, einfache Regeln - zu einer smarten Strategie,
die hilft, komplexe Situationen zu bewältigen. Manche gesellschaftlichen und
politischen Gruppen nutzen bereits eine Art Schwarmtaktik." [48]

Als Beispiel für die praktische Anwendung von Schwarmintelligenz zur Erzeugung technischer Innovationen sei ein Beispiel genannt, das Peter Miller
beschreibt: Um Windparks noch effizienter zu bauen, das heißt mehr Strom auf
kleineren Flächen zu produzieren, orientierten sich die Ingenieure am Vorbild
der Struktur von Fischschwärmen. So wurde schon in den 1970er Jahren festgestellt, dass sich Schwarmfische innerhalb eines Schwarms so anordnen, dass
sie mit möglichst geringem Energieaufwand vorwärts schwimmen können.
Insbesondere ordnen sie sich so an, dass sie von den von voranschwimmenden
Fischen ausgelösten Wasserwirbeln mit nach vorne gezogen werden. Bei nor-
malen Windparks ist es nun so, dass zwar jedes einzelne Windrad für sich sehr
hohe Wirkungsgrade erzielt, also dem Wind relativ viel Energie entziehen und
in Strom umwandeln kann. Allerdings stören die durch die einzelnen Windräder ausgelösten Wirbel benachbarte Windräder, so dass letztlich heutzutage
Windräder mit hundert Meter und längeren Rotorblättern mindestens einen
Kilometer oder mehr voneinander weg stehen müssen, um sich nicht gegenseitig auszubremsen. Hier hilft die Wiederentdeckung eines alten, ein wenig in
Vergessenheit geratenen Windradprinzips: nämlich der Einsatz von Windrädern, deren Achse vertikal (und nicht wie sonst üblich horizontal) verläuft.
Diese können zwar dem Wind jedes für sich nur viel weniger Energie entzie-
hen, weshalb sie in der Vergangenheit immer weniger zum Einsatz kamen. Allerdings konnte mittlerweile gezeigt werden, dass solche Vertikalwindräder
viel dichter aneinander aufgestellt werden können und dass sogar eine solche
Anordnung von Vertikalwindrädern möglich ist, dass die von benachbarten
Windrädern ausgelösten Luftströmungen die Stromerzeugung verstärken
können. Dadurch wird es letztlich möglich, auf der gleichen Fläche mehr
Windenergie bei gleichen Windstärken zu nutzen. Gerade weil bei Windkraft
die Zersiedelung der Landschaft oftmals einen Haupthinderungsgrund darstellt, gewinnt dieser Vorteil besonders an Bedeutung.

Um das Prinzip der Schwarmintelligenz für Ideenfindungsprozesse zu nutzen,
ergibt sich in Unternehmen darüber hinaus die Möglichkeit, zusätzliche Kreativität durch den Einsatz heterogen zusammengesetzter Gruppen zu erzeugen.
Wichtig ist dabei jedoch in jedem Fall, dass Mitarbeiter selbständig denken und
handeln können. Besonders im Bereich des Ideenmanagements könnte man

die kollektive Intelligenz gut gebrauchen. In den Verbesserungsvorschlägen der Mitarbeiter steckt ein unglaubliches Potenzial.

Interessant ist in diesem Zusammenhang auch, dass die Idee der Genossenschaften eine Renaissance erfährt. Die einzelnen Genossen sind selbstständig und heterogen, das heißt, sie repräsentieren häufig verschiedenes Wissen, beziehungsweise Erfahrung. Als Kollektiv, durch die Möglichkeiten des Internets vernetzt, können sie weit mehr erreichen als Einzelne.

6.4.6 Nutzung von Trends für Innovationsstrategien: Die Trendanalyse

Sicher haben Sie schon den generellen Trend in modernen Gesellschaften bemerkt, dass der Unterschied zwischen denen, die gewinnen und denen, die nur fast, aber eben nicht gewinnen, immer kleiner wird.

Ein Beispiel dafür ist die „Tour de France": 2010 betrug der zeitliche Unterschied zwischen dem ersten und dem zweiten Sieger gerade einmal 39 Sekunden. Ein anderes Beispiel ist die Segelregatta: Auch hier entscheidet oft nur eine Nasenlänge über den Ausgang des Rennens.

Wichtig ist dabei, dass die Ausrüstung der meisten Teilnehmer exzellent ist und die Teams hervorragend trainiert sind, denn ohne diese Voraussetzungen ginge wohl niemand an den Start.

In reifen Ökonomien gilt dies auch für Unternehmen. Ein marginaler (geringfügiger) Unterschied, der häufig im zeitlichen Vorsprung liegt, in der einen Nasenlänge, die ein Unternehmen im Vergleich zu seinen Wettbewerbern am Start schneller ist, kann ausschlaggebend sein für eine marktbestimmende Position.

Dieser Vorteil kann aber nur dann genutzt werden, wenn – im übertragenen Sinne – das Unternehmen auch in die richtige Richtung gelaufen ist. Hier kommt die Trendforschung ins Spiel.

Brockhaus definiert „**Trend**" (von engl. to trend, in einer bestimmten Richtung verlaufend) als allgemeine Entwicklungstendenz.

Die **Trendforschung** (siehe hierzu auch [49]) beschäftigt sich mit gesellschaftlichen Wandlungsprozessen. Hierbei geht es nicht um exakte Vorhersagen, sondern darum, die Prozesse der Wandlung zu erkennen und wenn möglich zu verstehen, um sie letztlich zu deuten und zu nutzen.

Trends im Verhalten oder beim Kauf von Produkten werden oft durch die Meinungsforschung erfasst. Sie sind durch Werbung und Trendsetter beeinflussbar und haben entscheidende Auswirkungen auf das Konsumverhalten der Verbraucher oder das Bevorzugen gewisser Modeerscheinungen im sozialen und Freizeitbereich.

Die Prognose von Trends erfolgt häufig durch grafische Verfahren (beispielsweise vergleichbar mit Charttechniken an der Börse). Wie die **Abbildung 6.11** schematisch zeigt, kann jeder Trend in einen Diagnoseteil (Vergangenheit) und einen Hypothesenteil (Zukunft) aufgeteilt werden. Im Allgemeinen wird angenommen, dass sich der Trend ähnlich entwickelt, wie in der Vergangenheit beobachtet wurde, das heißt gegenwärtige Entwicklungen werden in die Zukunft (linear) extrapoliert. Extrapolieren bedeutet dabei, dass aus dem Verhalten einer Funktion innerhalb eines bestimmten Bereichs (hier: für in der Zukunft liegende Zeiträume) auf ihr Verhalten außerhalb dieses Bereichs geschlossen wird.

Abbildung 6.11   Schematisches Beispiel einer (linearen) Trendprognose

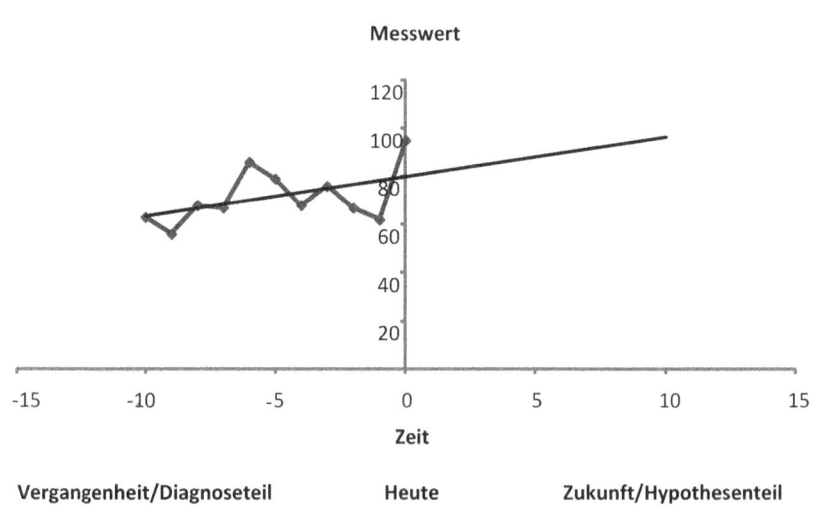

Interessant in diesem Zusammenhang ist auch, dass es durchaus wahrscheinlich ist, dass ein bestimmter Trend einen Gegentrend produziert. So entstand zum

Beispiel durch die Globalisierung ein Gegentrend zum „Cocooning" (sich wieder vermehrt in die Privatsphäre zurückzuziehen).

An **Abbildung 6.11** ist auch deutlich zu sehen, wie hypothetisch Trends sind und wie schwierig es ist, echte Trends von Pseudotrends zu unterscheiden. Es gilt leider auch hier das Sprichwort, dass das einzig Gewisse bekanntlich das Ungewisse ist, vor allem, wenn es die Zukunft betrifft.

Bei aller gebotenen Skepsis Trends gegenüber, stellen sie doch oftmals ein probates Mittel dar, um sich Vorstellungen über eine mögliche Zukunft zu machen. Wir möchten daher hier diskutieren, wie Unternehmen aktuelle Entwicklungen besser analysieren können, um dadurch frühzeitig Strategien ableiten und mögliche Vorteile, zum Beispiel als erster in einem neuen Markt auftreten zu können, das heißt als sogenannter „First Mover" zu agieren, nutzen zu können. Dazu schlagen wir vor, **Trendanalysen in drei Schritten umzusetzen** (siehe hierzu auch [49]):

1. Relevante Trends ermitteln
Der erste Schritt besteht darin, Trends zu ermitteln und dabei Überlegungen anzustellen, inwieweit ein Trend von Relevanz sein könnte. Allein diese Phase bringt normalerweise neue Ideen hervor, denn es wird von einem anderen Blickwinkel auf das eigene Unternehmen geschaut und sofort nach neuen Verknüpfungen gesucht.

Beispiel für Megatrends:

- Megatrend Feminisierung

- Megatrend Gesundheitsorientierung

- Megatrend zur alternden Gesellschaft

- Megatrend Nutzung erneuerbarer Energien und Ansätze zur Ressourceneffizienz

2. Trends analysieren
In den Materialien zur Umsetzung von Innovationskompetenz finden Sie eine umfangreiche Liste mit Trends, anhand derer die für das eigene Unternehmen relevanten Trends herausgefiltert werden können.

Trends können durch folgende Fragen charakterisiert werden:

■ Ist durch einen Trend mit Dominoeffekten zu rechnen? Ergeben sich für Kunden Veränderungen in mehreren Lebensbereichen?

■ Welche Auswirkungen könnte der Trend auf die Märkte haben?

■ Wie nachhaltig wird der Trend wahrscheinlich sein?

■ Welche wichtigen Ziele, Überzeugungen und Sichtweisen setzen sich bei den Verbrauchern durch?

■ Was verändert sich dadurch an der gesellschaftlichen Rolle der Menschen?

Das wachsende Bewusstsein der Gesellschaft in Bezug auf Klimaveränderungen ist zum Beispiel ein Trend, der Dominoeffekte in mehreren Lebensbereichen verursachen kann.

Um Auswirkungen von Trends auf das eigene Unternehmen abschätzen zu können, kann entlang des folgenden Frageschemas vorgegangen werden:

■ Wie kann sich diese Veränderung auf meine Angebotspalette auswirken (positiv oder negativ)?

■ Welche Gelegenheiten ergeben sich dadurch für mein Unternehmen?

■ Welche Ressourcen werden benötigt, um einen Trend zu nutzen?

Als Beispiel für die Auswirkungen von Trends sollen hier Aspekte aus dem Marketing herangezogen werden:

■ Marketing ist immer weniger von Marketingabteilungen steuerbar.

■ Unsere Zeit ist eine flüchtige Moderne, es wird immer schwieriger zu prognostizieren und zu planen.

■ Strategische Wettbewerbsvorteile können heute immer weniger langfristig gehalten werden, man muss bereit sein, viel schneller zu reagieren.

■ „Sperm-Strategy": immer mehr auf mehrere Pferde setzten: Es müssen zwei bis drei Ideen lanciert werden, damit vielleicht eine davon realisiert werden kann.

Viele Marketingerfolge sind einfach Glück, aber es gilt auch, dass das Glück den bevorzugt, der sich geistig vorbereitet hat. Deshalb ist es empfehlenswert, mehrere Optionen zu entwickeln und deren Umsetzung anzugehen. Dazu gehört neben Kreativität und Vorstellungskraft auch eine Portion Risikobereitschaft, denn ob Sie bei einem Trend auf die richtigen Pferde setzen, ist immer eine Entscheidung unter Unsicherheit.

3. Schnittmenge zwischen Trends und Unternehmensstärken ermitteln
Eine Idee der SWOT-Analyse ist, dass Erfolgsaussichten einer Unternehmensstrategie dann steigen, wenn prognostizierte Trends mit ausgesprochenen Unter-

nehmensstärken zusammentreffen. Deshalb ist die Fragestellung so wichtig, in welchen Bereichen Schnittmengen von Trends mit Unternehmensstärken zu verzeichnen sind. Auch hierzu ein Beispiel:

> Bei einer Strategiediskussion fiel auf, dass der Trend zur Brand Community mit der Unternehmensstärke einer ausgeprägten Identifikation der Mitarbeiter zusammentraf.
>
> Derzeit herrscht ein neuer Trend, der als „Neo-Tribalismus" bezeichnet wird und der die Sehnsucht des postmodernen Menschen nach Gebundenheit und Geborgenheit widerspiegelt.
>
> Eines der ältesten Unternehmen, die diesen Trend nutzen, ist Harley-Davidson, aber auch Unternehmen wie Apple, BMW oder Google machen sich diesen Trend seit einigen Jahren zunutze, in dem sie Brand Communities gründen. Diese Brand Communities sind eine Art Fanclub, in dem es um Gruppenerlebnisse geht, die auf einer emotionalen Beziehung zum Unternehmen und dessen Produkten oder Dienstleistungen beruhen.
>
> Dieses Gemeinschaftsgefühl um die Marke herum kann normalerweise nicht erreicht werden, wenn es nicht auch im Unternehmen vorhanden ist. Nur Fans können andere zu Fans machen. Brand Communities reagieren sehr sensibel, wenn sie merken, dass Mitarbeiter selbst ihrem Unternehmen gegenüber kritisch sind und diese Kritik auch noch begründet ist.

Gerade für kleinere und mittlere Unternehmen, nicht nur für Großunternehmen, wird diese Chance, Brand Communities zu formen, weiter an Bedeutung gewinnen, da mittlerweile Social Media, wie zum Beispiel Blogs, Webforen oder dergleichen, einfach zu verwendende, kostengünstige Plattformen zum Aufbau und zur Begleitung solcher Brand Communities bieten.

6.4.7   Innovationsorientierte Strukturmodelle (Organisationsstruktur)

Innovationsmanagement ist auf eine leistungsfähige Kommunikationsstruktur angewiesen. Dies lässt auf der Ebene des Gesamtunternehmens traditionelle Organisationsstrukturen wie Ein- und Mehrliniensysteme, funktionale und divisionale Organisationsstrukturen, die Matrixorganisation usw. als weniger geeignet erscheinen. Innovationsorientierte Strukturmodelle können eher die geforderte Rahmenstruktur bieten. Unter Strukturmodellen sind „Kombinationen von Formen der Arbeitsteilung (Aufgabenstruktur) einerseits und der Leitungssysteme (hierarchische Struktur) andererseits" [46] zu verstehen.

Als innovationsorientierte Strukturmodelle sollen hier das teamorientierte Modell sich überlappender Gruppen [50] und die Netzwerkmodelle [51] von Qualitätszirkel, Lernstatt und „Technology Groups" vorgestellt werden.

Teamorganisationen sind dadurch charakterisiert, dass Kompetenzen nicht auf Einzelpersonen übertragen werden, sondern auf das gesamte Team.

6.4.7.1   Modell der überlappenden Gruppen

Wie in **Abbildung 6.12** dargestellt, bilden die Vorgesetzten der nächsthöheren Hierarchiestufe mit den ihnen unterstellten Mitarbeitern Kleingruppen (jeweils darunter liegende Hierarchieebene), sind aber gleichzeitig Gruppenmitglieder der nächst höheren Hierarchieebene; sie sind daher Verbindungsglieder zwischen den Gruppen. Entscheidungen werden in den Gruppen gefällt, und durch die personellen Verflechtungen wird der Informationsfluss zwischen den einzelnen Gruppen und allen Hierarchieebenen verbessert.

Abbildung 6.12   Gruppenorganisation: System überlappender Gruppen

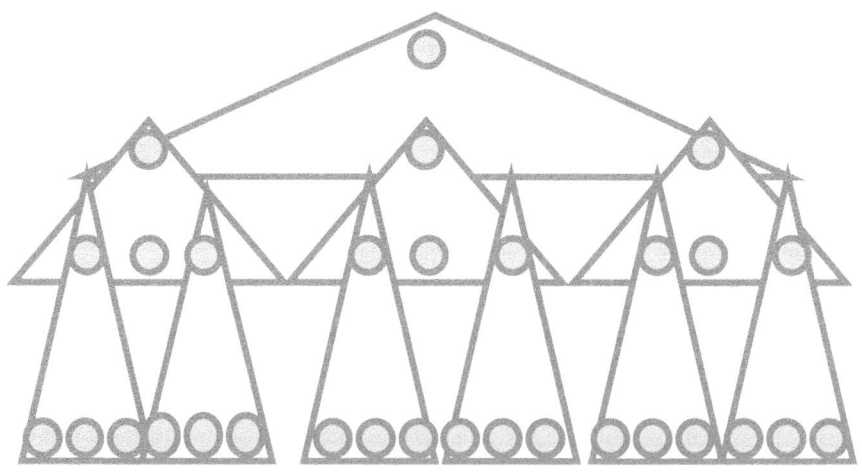

(Quelle: [50])

Teams als innovationsfördernde Organisationsstruktur

Hier handelt es sich im Wesentlichen um Kleingruppen, deren Idealtypen der **Qualitätszirkel**, die **Lernstatt** oder die sogenannten **Technology Groups** sind, die für die Bereitstellung der notwendigen Wissens-, Informations- und Kommunikationsinfrastruktur verantwortlich sind.

Die gemeinsame Teamarbeit und damit das Teamziel weist einen starken Aufgabenzug auf [52]. Denkanstöße in den Teams resultieren aus der Bündelung und Analyse sämtlicher verfügbarer Informationen und Wissen, wobei unterschiedliche Sichtweisen zu einer neuen gemeinsamen Perspektive integriert werden. Auftretende Konflikte und Meinungsverschiedenheiten während der Diskussion und das fortwährende Infrage stellen des bisher für selbstverständlich Gehaltenen sollen den Innovationsprozess fördern.

Innovationsorientierte Qualitätszirkel

Qualitätszirkel sind gemäß Wikipedia [54] definiert als „auf unbestimmte Dauer angelegte Kleingruppen, in denen Mitarbeiter der gleichen (meist niedrigen) hierarchischen Ebene mit einer gemeinsamen Erfahrungsgrundlage in regelmäßigen Abständen (meist alle 2–3 Wochen, 1–2 Stunden) während der Arbeitszeit auf freiwilliger Basis unter Leitung eines Moderators zusammenkommen".

Während dieser Treffen sollen Themen des eigenen Arbeitsbereiches analysiert und unter Anleitung eines geschulten Moderators mit Hilfe spezieller, erlernter Problemlösungs- und Kreativitätstechniken Lösungsvorschläge erarbeitet werden. Diese Vorschläge sollen dann präsentiert und selbständig oder im Instanzenweg umgesetzt werden. Die Gruppe kann auch als Bestandteil in den organisatorischen Rahmen des Qualitätszirkelsystems eingebunden werden.

Lernstatt

Der Idealtypus von Lernstatt wird definiert als „zeitlich begrenzte Kleingruppe von Mitarbeitern, die einen gemeinsamen Bezugspunkt haben und sich in regelmäßigen Abständen freiwillig in einem der jeweiligen Produktionsstätten nahegelegenen Raum zum Zwecke des gemeinsamen Erfahrungsaustausches, zur Erweiterung des Grundwissens über betriebliche Zusammenhänge und zur Verbesserung und Vertiefung der Kommunikation und der Zusammenarbeit in der Unternehmung unter Anleitung von zwei ausgebildeten Moderatoren treffen, wobei die Gruppe in den organisatorischen Rahmen des auf Dauer angelegten Lernstatt-Systems eingebunden ist und zu den anderen Elementen Kommunikationsbeziehungen unterhält" [53]. Auch hier ist unschwer zu erkennen, dass die

Erzeugung, Umsetzung und Verbreitung von Wissen im Vordergrund dieser Gruppe stehen.

Technology Groups [54]

Technology Groups befassen sich mit neu aufkommenden Technologien und untersuchen diese auf Einsatzmöglichkeiten im eigenen Unternehmen. Damit wird sichergestellt, dass relevante neue Technologien schnell im eigenen Unternehmen einsatzbereit sind. Technology Groups beteiligen sich auch an der Einführung und Umsetzung neuer Technologien. Sie sind deshalb maßgeblich an der Bereitstellung der Wissens-, Informations- und Kommunikationsinfrastruktur beteiligt.

Das Wissensmanagement hat folglich ein vitales Interesse an der Gründung und Unterhaltung von Technology Groups. Mitglieder solcher Gruppen weisen häufig ein signifikant höheres Informationspotenzial als das übrige Personal auf. Sie nehmen durch „die grenzüberschreitende Aufnahme und Weitergabe spezifischer Informationen eine Schlüsselstellung ein" und werden von Mitarbeitern der Organisation häufig wegen Fachinformationen angegangen, das heißt, die Einrichtung ist der Verbreitung von neuen Technologien förderlich.

6.5   Kultivieren & Vitalisieren

6.5.1   Gratwanderung zwischen permanentem Wandel und Stabilisierung

Da im Kapitel Projektmanagement bereits ausführlich beschrieben wurde, wie Innovationen als Projekt zu organisieren sind, wird in diesem Abschnitt reflektiert, welche Hürden entlang des Prozesses zu überwinden sind und welche Hinweise dem Management gegeben werden können.

Dabei sollen auch die Probleme der Gratwanderung zwischen permanentem Wandel und Stabilisierung des Innovationsprozesses betrachtet werden.

Ein Veränderungsprozess wird häufig mit einer Operation am offenen Herzen verglichen. Der Routinekreislauf der laufenden Geschäfte muss aufrecht erhalten und gleichzeitig ein innovativer Prozess in Gang gesetzt werden. Dies führt in den meisten Fällen zu einer als extrem wahrgenommenen zusätzlichen Belastung. Aus diesem Grund ist es wichtig,

- dass der Sinn des Vorhabens vermittelt wird, wie wir es beispielsweise anhand der Methode BIZEPS bereits angesprochen hatten,

- dass eine Veränderungsbereitschaft der Mitarbeiter geschaffen wird und

- dass die nötigen Ressourcen bereitgestellt werden.

In der **Abbildung 6.13** werden die Aspekte des Wandels versus Stabilisierung folgendermaßen beschrieben:

Abbildung 6.13   Aspekte des Wandels versus Stabilisierung

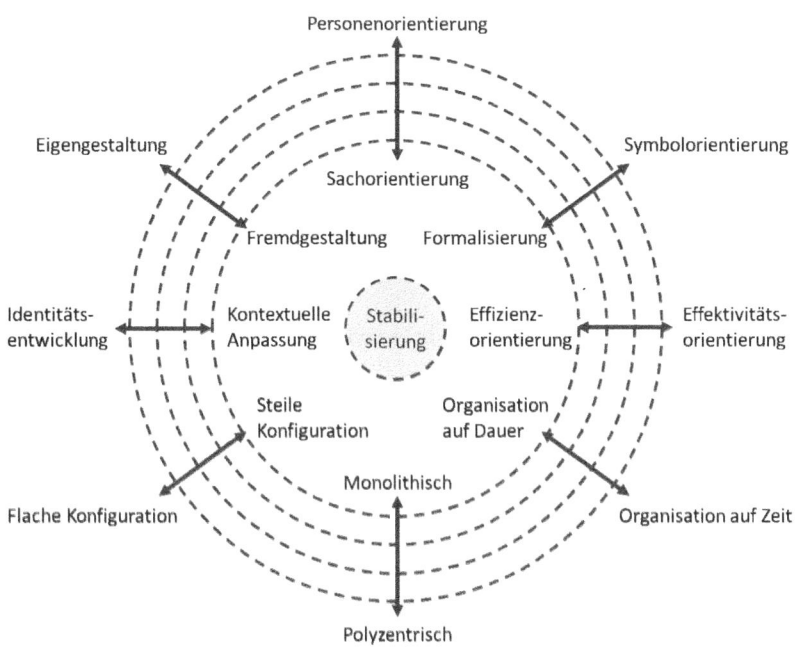

(Quelle: [58])

Im Zentrum liegt die Stabilisierung und je weiter man sich vom Aspekt der Stabilisierung entfernt, umso mehr werden die Kriterien des Wandels angesprochen.

Beispielsweise orientiert sich der Wandel oder die Veränderung mehr an Personen, beziehungsweise wird getragen durch Personen, während die Stabilisierung mehr durch sachliche Aspekte charakterisiert ist.

Des Weiteren sind Eigengestaltung, Identitätsentwicklung, flache Konfigurationen oder Hierarchien kennzeichnend für den innovativen Veränderungsprozess, während Fremdgestaltung, kontextuelle Anpassung und steile Konfigurationen mehr der Stabilisierung entsprechen. Ganz deutlich wird der Unterschied auch bei der Organisation auf Zeit: während Projektmanagementorganisationen immer auf Zeit angelegt sind, sind im Vergleich dazu operative Organisationen mehr auf Dauer gedacht. Im Wandel ist auch mehr die Frage nach Effektivität zu stellen, das heißt die richtigen Dinge sind zu tun, während es in der Stabilisierung vermehrt um Effizienz geht, das bedeutet, die Dinge richtig zu tun.

Wesentlich mehr Notwendigkeit zur Stabilisierung besteht, wenn es sich um Produktionsunternehmen handelt und nach der Phase der Produktentwicklung die Produktion zu organisieren ist (zum Beispiel in der Automobilindustrie). Ganz anders kann es für ein Dienstleistungsunternehmen aussehen (zum Beispiel in Design-Agenturen), dessen Organisationsform praktisch ein permanentes Projektmanagement darstellt und das sich deshalb meistens auf dem Außenkreis bewegt.

Eine weitere Unterscheidung ist wichtig: Je mehr die Mitarbeiter hochqualifizierte Wissensträger sind, umso wichtiger sind Partizipation und Eigengestaltung.

Ferner gilt es zu differenzieren, wie radikal Innovationsprozesse sind. Auch hier gilt sicher der Zusammenhang: Je radikaler die Innovationen, desto mehr werden sich die Unternehmen auf dem Außenkreis bewegen.

6.5.2   Stufen zur Entwicklung von Innovationskompetenzen – der Kompetenzmanagementzyklus

Welche Kompetenzen bilden nun aber insgesamt „Innovationskompetenz"?

Wir möchten dieser Frage anhand des **Kompetenzmanagementzyklus** von Krüger und Homp [57] nachgehen, die von folgenden vier Phasen ausgeht (siehe auch **Abbildung 6.14**):

1. Identifikationsphase,

2. Entwicklungsphase,

3. Nutzungsphase und

4. Transferphase.

Abbildung 6.14 Kompetenzmanagementzyklus

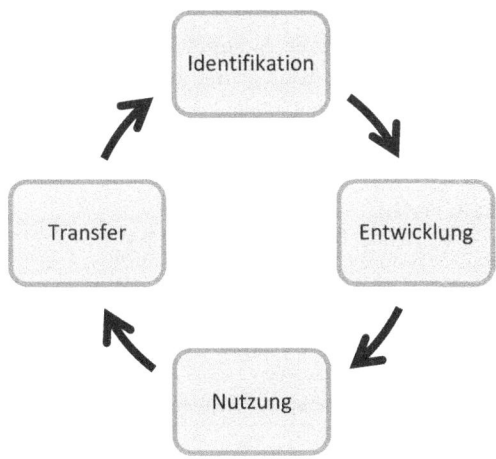

(Quelle: [57])

Die Ausführungen konzentrieren sich dabei im Wesentlichen auf die ersten beiden Phasen. Weiterführende Hinweise finden sich bei Schreiner [56].

Ausgangspunkt der ersten Phase kann die Einsicht sein, dass bestehende Erwartungen nicht mehr der Realität entsprechen. Die Notwendigkeit einer Veränderung tritt langsam als Möglichkeit ins Bewusstsein, und altes Verhalten wird in Frage gestellt. Das generelle Ziel dieser Phase besteht darin, die nach Veränderung strebenden Kräfte zu stärken und zu unterstützen und so ein Veränderungsbewusstsein herzustellen.

1. Identifikationsphase

Was nun die Innovationskompetenz in dieser Phase betrifft, geht es vor allem darum, die aktuellen Kompetenzen im Unternehmen und Unternehmensumfeld zu identifizieren und daraus Kompetenzlücken und zukünftigen Kompetenzbedarf zu ermitteln.

2. Entwicklungsphase

In der zweiten Phase, der **Entwicklungs- oder Veränderungsphase**, werden Lösungen generiert, neue Verhaltensweisen ausprobiert und das Problem in Teilprojekten gelöst. Der Status quo wird verlassen, und die Organisation bewegt sich hin zu einem neuen Gleichgewicht.

In dieser Phase sind die identifizierten Kompetenzlücken zu schließen. Dies kann geschehen, indem entweder die **eigene Kompetenzbasis erweitert** wird oder indem **auf externe Kompetenzen** zurückgegriffen wird. Instrumente zur Integration von externen Kompetenzen sind beispielsweise:

■ Das Eingehen von Kooperationen und

■ die Integration von Experten.

Tabelle 6.2   Mögliche Kooperationspartner für den Aufbau von Innovationskompetenz

Kompetenzbereich	Mögliche Kooperationspartner
Produktkompetenz	– Kunden – Unternehmen auf gleicher Wertschöpfungsstufe
Strategiekompetenz	– Beratungen
Marktkompetenz	– Kunden – Unternehmen auf nachgelagerter Wertschöpfungsstufe – Marktforschungsinstitute
Vertriebskompetenz	– Kunden – Unternehmen auf nachgelagerter Wertschöpfungsstufe – Händler
Produktionskompetenz	– Hersteller von Produktionsanlagen – Unternehmen auf gleicher Wertschöpfungsstufe – Produktionsspezialisten
Einkaufskompetenz	– Zulieferer – Unternehmen auf vorgelagerter Wertschöpfungsstufe – Händler
Technologiekompetenz	– Forschungsinstitute – Start-up-Unternehmen – Unternehmen auf gleicher Wertschöpfungsstufe

(Quelle: In Anlehnung an [56])

In **Tabelle 6.**2 werden mögliche Kooperationspartner dargestellt, die fehlende Kompetenzen ersetzen könnten. Sie kann auch wie eine Checkliste gelesen werden: Zum Beispiel kann bei einer identifizierten Lücke im Bereich Technologiekompetenz überlegt werden, ob diese durch eine Kooperation mit Forschungsinstituten geschlossen werden kann, durch eine eigene Unternehmensgründung oder durch eine Kooperation mit Unternehmen auf der gleichen Wertschöpfungskette.

Ottmar Schreiner hat in seiner Dissertation [56], die in erster Linie radikale Innovationsprojekte analysiert, eine Reihe interessanter Thesen aufgestellt. Diese möchten wir hier zur Diskussion stellen, wobei selbstverständlich jedes Unternehmen bei seinen Entscheidungen die unternehmenseigenen Bedingungen berücksichtigen sollte.

1. These: Es sollten externen Kompetenzen genutzt werden.
Generell sind Innovationsprojekte, die externe Kompetenzen nutzen, erfolgreicher als Projekte, die sich nur auf die eigenen Kompetenzen beschränken, es sei denn, es ist möglich, die fehlenden Innovationskompetenzen im Unternehmen selbst zu entwickeln. In diesem Fall sind diese erfolgreicher als Projekte, die wesentliche Umfänge der Innovationskompetenz über den Markt beziehen.

Einem möglichen Gewinn an Kompetenz in einer Kooperation sollte jedoch immer das Risiko einer möglichen Preisgabe an Know-how gegenübergestellt werden, besonders wenn es sich um die Kernkompetenzen des Unternehmens handelt. Dies ist besonders bei Unternehmen der Fall, die auf der gleichen Wertschöpfungsstufe stehen und ein vergleichbares Geschäftsmodell betreiben.

Die fallübergreifende Analyse in der Dissertation von Schreiner hat gezeigt, dass für den erfolgreichen Aufbau von neuen Innovationskompetenzen folgende Voraussetzungen erfüllt sein müssen:

■ Bereitschaft zum Eingehen eines unternehmerischen Risikos,

■ hoch motivierte Teammitglieder und

■ ein lernorientiertes Vorgehen im Projektverlauf.

2. These: Es sollte eine Bereitschaft vorhanden sein, ein unternehmerisches Risiko einzugehen.
Unternehmen, die kein außerordentliches unternehmerisches Risiko eingehen, sind weniger erfolgreich in der Etablierung von Innovationsprojekten als Unternehmen, die bereit sind, ein unternehmerisches Risiko einzugehen.

Das Problem ist hier im außerordentlichen Risiko zu sehen: Außerordentliche Risiken einzugehen, kann besonders für mittelständische Unternehmen existenzbedrohend sein. Einer solchen Entscheidung sollte die Überlegung vorausgehen, was in einen Worst-Case-Szenario (Szenario des schlechtesten oder ungünstigsten Falles) passieren könnte und ob das Unternehmen wirklich bereit ist, dieses Risiko zu tragen.

3. These: Die Motivation der Teammitglieder ist von essenzieller Bedeutung.
Je innovativer die Projekte sind, desto mehr Hindernisse sind zu überwinden. Ein wichtiger Faktor ist dabei die Unsicherheit, die den Teammitgliedern viel Flexibilität, Kreativität und Kommunikation abfordert. Ganz besonders wenn die Strukturen und Prozesse neu sind, sind die Anforderungen besonders hoch.

Nur wenn ein Team in der Lage ist, sich immer wieder neu zu motivieren, und wenn es auch die nötige Frustrationstoleranz aufbringt, können Durststrecken überwunden werden. Besonders wichtig sind hier Rückhalt und Unterstützung durch die Unternehmensleitung.

In diesem Zusammenhang gilt wieder generell: Je höher die Motivation des Projektteams ist, desto erfolgreicher verläuft der Aufbau von neuen Kompetenzen.

4. These: Lernorientiertes Vorgehen im Projektverlauf ist von Vorteil.
Aufgrund der hohen Unsicherheit bei Innovationsprojekten ist eine Vorgehensweise, die zu Beginn des Projektes wesentliche Projektinhalte vorgibt, nicht geeignet. Es ist damit zu rechnen, dass sich sowohl Ziele als auch die Innovationskonzepte auch nach der Markteinführung noch verändern können.

Eine Planung, die einen festen Projektverlauf vorgibt, kann deshalb zum Scheitern des Innovationsprojektes führen: Ein Vorgehen nach dem Prinzip von **Trial and Error** dagegen ist wesentlich geeigneter. Damit ist gemeint, dass auf Basis von Versuch und Irrtum (englisch „trial and error") so lange zulässige Lösungsmöglichkeiten probiert werden, bis die gewünschte Lösung gefunden wird. Dabei wird oft bewusst auch die Möglichkeit von Fehlschlägen in Kauf genommen.

Dieses Vorgehen von Trial and Error, bei dem aus Fehlern gelernt wird, versucht die hohen Unsicherheiten sukzessive zu reduzieren und abzubauen. Der Innovationsprozess muss so flexibel gestaltet sein, dass er an unerwartete Veränderungen angepasst werden kann. Es zeigt sich, dass ein iteratives Vorgehen hilft, die Risiken zu reduzieren. Das heißt, dass eine laufende Überprüfung und Verbesserung von Teilen des Systems vorgesehen werden sollte. Eine ähnliche Flexibilität gilt auch für die Organisationsstrukturen.

Schreiner zeigt in den Forschungsfallstudien, dass sich im Laufe der Zeit die Organisationsstrukturen verändern können. Meist beginnen Innovationsprojekte in frühen Teams, in denen erste Kompetenzen aufgebaut werden.

Nach einer organisatorischen Übergangsphase wird dann eine Projektorganisation etabliert, die eine Basis für einen umfassenden Aufbau der notwendigen Innovationskompetenzen bietet. Im Rahmen der Projektorganisation können erste Produkte in den Markt eingeführt werden. Nach einer zweiten Übergangsphase können dann operative Strukturen aufgebaut werden, die dann eine zweite, deutlich breitere Markteinführung erlauben.

5.These: Das Management muss das Innovationsvorhaben unterstützen.
Schreiner stellt auch dar, dass gerade in diesen beiden Übergangsphasen ein besonders hoher Bedarf an Managementunterstützung besteht. In diesen Phasen muss das Management die Mitglieder der Projektgruppe nicht nur möglichst vom operativen Geschäft entlasten, sondern ihnen auch ausreichend Ressourcen zur Verfügung stellen.

Daraus kann gefolgert werden: Unternehmen, die sowohl den Übergang eines frühen Teams in eine Projektorganisation unterstützen, als auch den Übergang einer Projektorganisation in operative Strukturen, sind erfolgreicher als Unternehmen, die diese Übergangsphasen nicht gezielt unterstützen.

3. Nutzungsphase

In der sich anschließenden **Nutzungsphase** werden dann die gefundenen Problemlösungen genutzt beziehungsweise, wenn es sich um Produktinnovationen handelt, umfassend in den Markt eingeführt.

In dieser Phase kommt es mit der Markteinführung zu einem vorläufigen Abschluss des Veränderungsprozesses. Durchgeführte Veränderungen bedürfen in einem bestimmten Maße der Stabilisierung und müssen, wenn sie nicht aus dem Unternehmen ausgegliedert werden (New Venture), in das Gesamtsystem integriert werden.

6. These: Veränderungen müssen in das Gesamtsystem integriert werden.
Je stärker sich benötigte Kompetenzen des Innovationsprojektes von den im Unternehmen existierenden unterscheiden, desto unabhängiger von den bestehenden Strukturen muss ein Innovationsprojekt organisiert sein, um erfolgreich fortgeführt zu werden.

Aber auch nach der Markteinführung ist die Entwicklungsphase nicht unbedingt abgeschlossen. Häufig wird das Produkt oder die Dienstleistung noch weiterentwickelt, sodass sich Nutzungsphasen und Produktentwicklungsphasen in der Realität oftmals abwechseln.

Nach Abschluss der Entwicklungstätigkeit werden die Projektteams, die für die Entwicklung zuständig waren, häufig vom Management aufgelöst, um die Mitarbeiter in andere Entwicklungsprojekte zu integrieren. Diese Aufgabe des Projektteams erschwert die nachhaltige Nutzung der bereits entwickelten Kompetenzen und die Weiterentwicklung der Innovation.

Um diesen Bruch zu vermeiden, empfehlen Meyer und Utterback [59], den Kern des Projektteams auch für die Weiterentwicklung zu behalten, vor allem, wenn nicht nur das innovative Produkt weiterentwickelt wird, sondern daraus eine neue Produktfamilie generiert werden soll. In dieser Zeit sollte auch das hinzugewonnene Wissen an neue Mitarbeiter transferiert werden.

7. These: Das Konzepts sollte auch nach der Markteinführung weiterentwickelt werden.
Innovationsprojekte, die ein Produktkonzept zu Beginn des Projektes bestimmen, sind weniger erfolgreich als Projekte, die ihr Produktkonzept nicht nur im Laufe des Innovationsprojektes laufend anpassen, sondern auch noch nach der Markteinführung weiterentwickeln.

4. Transferphase

Wie kann nun sichergestellt werden, dass Innovationskompetenzen auch nach Abschluss des Innovationsprojektes weiter gelebt werden und ein Teil der Unternehmenskultur werden?

Am meisten motiviert sicherlich der Erfolg eines Projektes, zumal wenn er gebührend gefeiert wurde und die Leistungen des Teams entsprechend anerkannt wurden. Am schwierigsten ist es, wenn ein Innovationsprojekt tatsächlich gescheitert ist, oder keine weiteren Projekte zur Verfügung stehen.

Krüger und Homp [57] zeigen folgende potenzielle Aktionsfelder auf:

- Vorhandenes Sortiment einer Geschäftseinheit: Die Kompetenz wird eingesetzt, um in einem bereits bestehenden Sortiment Nutzen zu stiften.

- Neue Produkte beziehungsweise Leistungen oder Kunden im Stammgeschäft: die Kompetenzen können auch genutzt werden, um neue Produkte im Stammgeschäft anzubieten oder um neue Kunden zu erreichen.

■ Neue Regionen im Stammgeschäft: Die entsprechenden Kompetenzen werden so transferiert, dass neue Regionen beziehungsweise Märkte erschlossen werden können.

■ Neue Geschäftsfelder: Mit Hilfe der bestehenden Kompetenz werden andere neue Geschäftsfelder erschlossen.

Wie ist mit dem Scheitern von Projekten umzugehen?

Wurde ein Innovationsprojekt ein wirtschaftlicher Misserfolg, so muss dies nicht zwangsläufig bedeuten, dass das Projekt selbst schlecht war oder es an den relevanten Innovationskompetenzen gefehlt hat.

In Analogie zu Gorbatschow kann behauptet werden, dass nicht nur wer zu spät kommt, vom Markt bestraft wird, sondern auch, wer zu früh kommt.

Um dies beurteilen zu können, ist eine Analyse des Innovationsprojektes sinnvoll. Auch hier ist der Trial-and-error-Ansatz hilfreich. Jeder Irrtum birgt in sich auch die Chance, etwas anders zu machen, etwas besser zu machen und daraus zu lernen.

Das Innovationskompetenzmodell ist gut geeignet, um innovative Veränderungsprozesse einzuleiten und ihre Richtung zu bestimmen. Eine Anwendungsmöglichkeit wäre zum Beispiel, für jedes Element den Ist-Zustand zu bestimmen und den Idealzustand zu beschreiben. Davon ausgehend können unter Beachtung der gegenseitigen Wechselwirkungen Maßnahmen zur Erreichung des beschriebenen Zielzustandes bestimmt werden.

6.6 Begleitung von Innovationsprozessen durch externe Beratung

Die Fähigkeiten, Innovation und Veränderung zu managen, gehören heute zu den Kompetenzen, die von Führungskräften erwartet werden. Dennoch werden in der Praxis immer wieder externe Berater oder Coaches hinzugezogen, weil gerade Innovationsprojekte die Beherrschung eines vielfältigen Aufgabenspektrums und ein entsprechend immer höheres Kompetenzniveau erfordern.

Die Zielsetzung eines Coachings ist generell zu sehen als eine personenorientierte Förderung von Führungskräften oder Teams in ihren professionellen Rollen durch:

■ prozessbegleitende Beratung,

■ zielorientierte Anleitung und

■ handlungsorientiertes Training.

Weitere Vorteile einer externen Prozessbegleitung können darin gesehen werden, dass nicht nur mit einem Blick von außen einer gewissen Betriebsblindheiten begegnet, sondern vielleicht auch besser mit den Befindlichkeiten einzelner Teilnehmer und der Vorgesetzten umgegangen werden kann.

6.7   Materialien zur Umsetzung von Innovationskompetenz

Am Schluss dieses Kapitels möchten wir Ihnen nun noch mehrere nützliche Hilfsmittel zur Verfügung stellen, die Sie auf dem Weg zur Weiterentwicklung von Innovationskompetenz begleitend einsetzen können.

6.7.1   Erst-Diagnostik Innovationskompetenz

S-Faktoren als Innovations-kompetenzen	Ist-Zustand	Idealzustand	Maßnahmen zur Erreichung des Ideal-zustandes
Innovationskultur			
Führungsstil			
Menschen und Wissen			
Unternehmenspotenzial, die Fähigkeiten oder Kompetenzen im Unternehmen			
Trends und Strategien des Unternehmens			
Organisationsstruktur			
Innovationsprozess			

6.7.2 Unternehmenspotenzial in Bezug auf Innovationskompetenz im Vergleich zur Konkurrenz

Strategische Kompetenzen	Erreichte Punkte		
	1 2 3 (niedrig)	4 5 6	7 8 9 10 (hoch)
Technologiekompetenz			
Produktentwicklungskompetenz			
Marktentwicklungskompetenz			
Einkaufskompetenz			
Produktionskompetenz			
Marketing- und Vertriebskompetenz			
Strategiekompetenz			

6.7.3 Prüfung der Relevanz typischer Trends für das eigene Unternehmen

Bereiche der Veränderung	Indikatoren/Erläuterungen	Relevanz für mein Unternehmen?
1. Soziale Veränderungen		
Veränderung in den Präferenzen der Kunden durch:		
Alter:	(Steigendes) Durchschnittsalter	
Zielgruppen:	Zwei neue Zielgruppen:	
	1. Junge Doppelverdiener ohne Kin der	
	2. Vermögende Etablierte 50–70	
	3. LOHAS (Livestyle of Health and Sustainability)	
Familienstrukturen:	Zunahme der Singlehaushalte (bereits 50 % in Ballungsgebieten)	

2. Politische Veränderungen		
Finanzmärkte:	Diskussion Finanzmarktregulierung	
Staatliche Schuldensituation:	Steuer auf Finanztransaktionen	
	Exorbitant steigende Staatsverschuldung	
Integration der Märkte:	Extrem nervöse Finanzmärkte	
	Volatile Wechselkurse	
	Zunehmender Einfluss der EU auf Gesetzgebung und Politik	
	Abhängigkeit von weltpolitischem Geschehen	
3. Wirtschaftliche Veränderungen		
Geldpolitik:	(Expansive) Geldpolitik, (niedriges) Zinsniveau, (hohe) Inflationsgefahr und Flucht in Sachwerte	
Geldbeschaffung, Verfügbarkeit von Krediten:	Banken „horten" Zentralbankgeld, Gefahr der Kreditklemme	
Weltwirtschaft Entwicklungen:	Trends: Wachstum auf geringem Niveau	
	Auseinanderfallen der Entwicklung in Deutschland und deren anderen EU Staaten	

	Neue Phase der Globalisierung: Wohlstand und Prosperität sind seit der Jahrtausendwende keine westlichen Privilegien mehr. Big Boom der Schwellenländer verändert die wirtschaftlichen Gleichgewichte. Entstehen einer multipolaren Weltordnung: Teile Asiens überspringen heute ganze Entwicklungsstufen und entwickeln einen „Turbo-Post-Industrialismus". In den Schwellenländern drängen zwei Milliarden neue Käufer und Konsumenten auf den Konsum-Weltmarkt.	
Arbeitsmarkt:	In Deutschland: Zunehmende Entlastung auf dem Arbeitsmarkt Niedrige Arbeitslosigkeit Zunehmender Fachkräftemangel	
Nord-Südgefälle	In EU außerhalb Deutschlands: Steigende (Jugend-) Arbeitslosigkeit	
Energie- und Transferkosten	Durch steigende Energie- und Transferkosten wird der Outsourcing-Trend gebremst – zugunsten eines intelligenteren NEARshoring.	

4. Technische Veränderungen		
Produkt und Prozessinnovationen:	Verkürzung von Produkt-Lebenszyklen bei steigenden Entwicklungszeiten ˌ	
	Prozessinnovation zu integrierten, vernetzten, und flexiblen Produktionsstrukturen	
	Erhöhung des Wirkungsgrades des Energieeinsatzes	
	Einsatz regenerierbarer Energien	
	Trends zu neuen Werkstoffen	
Telekommunikation:	Themen, wie:	
	Mobile IT,	
	Cloud Computing,	
	Voice over IP,	
	Social Networking,	
	Big Data und	
	serviceorientierte Architektur,	
	werden die nächsten Jahre bestimmen.	
5. Ökologische Veränderungen		
Zerstörung ökologischer Systeme:	Steigendes Bedürfnis nach Nachhaltigkeit	

Ressourcensituation: (Fundstätten, Reichweite, Verfügbarkeit und Ressourcenabhängigkeit)	Zunehmende Bedeutung der erneuerbaren Ressourcen Neue umweltpolitische Instrumente (Umweltnutzungsrechte)	

6. Veränderungen im gesellschaftlichen Umfeld

Demografischer Wandel:	Änderung der Einstellung zur Arbeit und Freizeit, „Downaging", das heißt Verjüngung des Sozialverhaltens	
Umweltbewusstsein:	Zunehmendes ökologisches Bewusstsein und Handeln	
Feminisierung:	Förderung/Bevorzugung von Frauen; Weibliche Bildungsrevolution in OECD-Ländern in den letzten 30 Jahren: Anstieg der weiblichen Studierenden von 19 auf 56 Prozent	
Individualisierung:	In den Wohlfahrtsgesellschaften setzt sich immer mehr eine Entwicklung zu vermehrter Selbstverwirklichung, persönlicher Unabhängigkeit und einer Kultur der Wahl durch.	
Gesundheit:	Immer mehr Menschen legen immer mehr Wert auf Lebensqualität und Gesundheit, Gesundheit als einer der Kernsektoren einer kommenden Ökonomie	

6.7.4   Beispiel zur Ableitung potenzieller Erfolgsfaktoren aus Entwicklungstrends

Für das eigene Unternehmen relevante Entwicklungstrends	Erfolgsfaktoren für ...
Differenzierung auf Märkten mit Massenprodukten	Innovation und Kostenbewusstheit
Veränderung der Altersstruktur	Berücksichtigung von altersgerechten Angeboten
Zunehmendes Gesundheitsbedürfnis	Gesunde Angebote
Zunehmendes Sicherheitsbedürfnis	Integration von Sicherheitsfunktionen in Produkten und Prozessen
Zunehmendes Umweltbedürfnis, Sustainability	Abstimmung Produktpalette mit Kundenbedürfnissen
Neue Techniken Umweltinnovationen Beispiel: Nanotechnik, Web 2.0	Steigerung der Energieeffizienz durch Prozessinnovationen Funktionen In Oberflächen integrieren.
Neue Werkstoffe	Produkte, Produktionsprozess
Globalisierung	Globale Aufstellung
Neue Wachstumsmärkte (Asien, Mittel- und Osteuropa)	Offenheit anderen Kulturen gegenüber
Zunehmende Geschwindigkeit der Veränderung auf den Märkten	Flexibilität und Schnelligkeit

6.7.5 Analyse von Innovationsprojekt-relevanten Kompetenzlücken und Lösungsideen

Kompetenzen	Beschreibung für Innovationsprojekt	Kompetenzlücken	Erarbeitung von Lösungen
Technologiekompetenz			
Produktkompetenz			
Marktkompetenz			
Einkaufskompetenz			
Produktionskompetenz			
Vertriebskompetenz			
Strategiekompetenz			

6.8   Bühne frei für Ihre Innovationsvorhaben

Am Ende unserer „tour d'horizon" ist viel gesagt und bedacht, und deshalb soll der Vorhang geschlossen werden, auch wenn sicherlich noch viele Fragen offen sind.

Die Bühne soll nun frei sein für Ihre Aufführung zum Thema Innovation.

Wir wünschen Ihnen, dass Sie Ihre Innovationsvorhaben mit Feuer und Flamme umsetzen!

6.9 Leitfragen zur Reflexion von Innovationskompetenz

 Welche Bedeutung trägt Unternehmenskultur beziehungsweise Innovationskultur in Ihrem Unternehmen? Woran lässt sich dies erkennen?

 Gehen Sie die alle Facetten des Innovationskompetenzmodells nacheinander durch: Wie stufen Sie jeweils Ihr Unternehmen ein, woran können Sie Ihre Einstufungen festmachen?

 Welche Führungsstile werden im Management Ihres Unternehmens gelebt? Entsprechen Sie dem Unternehmensleitbild?

 Kennen Sie Ihre Kernkompetenzen und Kernprodukte? Stützt die Organisationsstruktur diese Kernprodukte, unterstützt sie deren Weiterentwicklung?

 Wie gestaltet sich Ihr Wissensmanagement? Gibt es hierzu spezifische Vorgehensweisen oder gegebene Rahmen? Wie gut werden diese im Alltag umgesetzt?

 Auf welche Trends könnte Ihr Unternehmen zukünftig verstärkt aufbauen?

 Welche Erfahrungen haben Sie im Verlauf von bisherigen Innovationsprojekten, insbesondere mit Kooperationspartnern oder externen Beratern, sammeln können, wie können diese für zukünftige Vorhaben genutzt werden?

Stichwortverzeichnis

Literatur

[1] Schweizerisches Institut für Unternehmerschulung

[2] M. Rauner, „Mehr Demut! Radikale Weltretter suchen nach Regeln für ihre umstrittene Arbeit", Die Zeit, Nr. 14 vom 31.03.2010, S. 31

[3] B. Brown, S. D. Anthony, „Best Practice: Die Ideenfabrik", Harvard Business Manager, August 2011, S. 26

[4] J. Hauschildt, Sören Salomo, „Innovationsmanagement", Vahlen Verlag, München, 5. Auflage, 2011

[5] B. Rüttinger in K. Berkel und R. Herzog, „Unternehmenskultur und Ethik", Band 27, Sauer-Verlag, Heidelberg, 1997, S. 11

[6] W. Grimm in Reidenbach, „Ethics and Profits", Prentice Hall PTR, New Jersey 1989, S. 90

[7] C. Pünpin, J.-M. Kobi, A. Wüthrich in Lehner, „Wissensmanagement – Grundlagen, Methoden und technische Unterstützung", 3. Auflage, Hanser-Verlag, München, 2009

[8] E. Schein, „Unternehmenskultur ein Handbuch für Führungskräfte", Campus, Frankfurt am Main, 1995

[9] R. B. Dilts, T. Epstein, R. W. Dilts, „Know-how für Träumer: Strategien der Kreativität, NLP & Modelling, Struktur der Innovation", Junfermann Verlag, Paderborn, 1994, Reihe: Pragmatismus & Tradition, Bd. 31

[10] K.-M. Baldin, „Unternehmensleitbild", ChangeCultureConsultant AG, Reasfeld, 2006, zitiert nach: www.ccc-ag.de, Zugriff 20.12.2011

[11] Clockworkaccounting, „What is a stakeholder in a business?", http://clockworkaccounting.com/what-are-stakeholders, Zugriff 20.12.2011

[12] M. Moldaschl, „Erkenntnisbarrieren und Erkenntnisverhütungsmittel. Warum siebzig Prozent der Changeprojekte scheitern" In J. Kramer, H. Stark, F. von Ameln, „Organisationberatung – blinde Flecken in organisationalen Veränderungsprozessen", VS-Verlag, Wiesbaden, 2009, S. 301 – 312

[13] Cap Gemini, „Change Management Studie 2008", 2008

[14] M. Porter, „Wettbewerbsvorteile, Spitzenleistungen erreichen und behaupten", Campus, Frankfurt am Main, 2010

[15] M. Porter, „Wettbewerbsstrategie, Methoden zur Analyse von Branchen und Konkurrenten", Campus, Frankfurt am Main,1983

[16] R. Kaplan, D. Norton, „Strategy Maps. Der Weg von immateriellen Werten zum materiellen Erfolg", Schäffer-Poeschel, Stuttgart, 2004

[17] A. Voegele (Hrsg.), „Das große Handbuch Konstruktions- und Entwicklungsmanagement", Moderne Industrie, München, 1999

[18] Victor Hugo

[19] C. Homburg, H. Krohmer, „Marketingmanagement", Gabler Verlag, Wiesbaden, 2009

[20] N. Mohr, J. Woehe, Diebold, „Widerstand erfolgreich managen", Campus, Frankfurt am Main, 1998

[21] Hernstein Institut für Management und Leadership der Wirtschaftskammer Wien, „Hernstein Management Report 2006"

[22] T. Müller-Prothmann, N. Dörr, „Innovationsmanagement. Strategien, Methoden und Werkzeuge für systematische Innovationsprozesse", Hanser, München, 2009

[23] G. Regenthal, „Visionen verwirklichen und Veränderungen gestalten – Erfolgreiches Veränderungsmanagement für Schulen mit Corporate Identity", WEKA Media GmbH & Co. KG, Würzburg, 2003

[24] J. Schumpeter, „Konjunkturzyklen. Eine theoretische, historische und statistische Analyse des kapitalistischen Prozesses.", Bd. I, Vandenhoeck & Ruprecht, Göttingen, 1961

[25] F. Taylor, „The principles of Scientific Management", Harper & Brothers, London, 1911

[26] F. Roethlisberger, F. Jules, E. Mayo, „The Hawthorne", Union Deutsche Verlags-Gesellschaft, Stuttgart, 1948

[27] K. Lewin, „Frontiers in group dynamics", Human Relations, Vol. 1, 1947

[28] J. Kotter, „Corporate Culture and Performance", Free Press, New York, 1992

[29] J. Kotter, „Leading Change", Harvard Business School Press, Watertown, 1996

[30] J. Kotter, „The Heart of Change", Harvard Business School Press, Watertown 2002

[31] M. Leitl, S. Sackmann, „Unternehmenskultur als Erfolgsfaktor", Harvard Business Manager, 01/2010, S. 39 ff.

[32] J. Kotter, T. Heskett, „Die ungeschriebenen Gesetze der Sieger – Erfolgsfaktor Unternehmenskultur", Econ, Berlin, 1993

[33] M. Claßen, F. von Kyaw, „Warum der Wandel meist misslingt", Harvard Business Manager, 12/2009, S. 12 ff.

[34] T. Peters, R. Watermann, „In Search of Excellence", Harper & Row, New York, London, 1982, deutsche Übersetzung: „Auf der Suche nach Spitzenleistungen", Moderne Industrie, Landsberg, 5. Auflage, 1986

[35] H. Mintzberg, „Mintzberg über Management", Gabler, Wiesbaden, 1991

[36] G. Hüther, Vortrag: „Begeisterung ist Dünger fürs Hirn, gehalten 2010 in Bregenz

[37] G. Hüther, „Wie gehirngerechte Führung funktioniert", Manager Magazin, 01/2009, S. 30 ff.

[38] T. Schwarzer, „Mission Entspannung", Harvard Business Manager, 08/2010, S. 42 ff.

[39] F. Morhart, W. Jenewein, „Was gute Führung ausmacht", Harvard Business Manager, 11/2010

[40] F. Malik, „Malik on Management", Campus, Frankfurt am Main, 2010

[41] Prahalad, Hamel, „Core Competence of the Corporation", Harvard Business Review, 68. Jg., 1990, Heft 3, S. 81

[42] I. Turner, „The Myth of the Core Competence", Manager Update, Vol. 8, 4, 1997

[43] C. Homp, W. Krüger, „Kernkompetenz-Management", Gabler, Wiebaden, 1997

[44] I. Nonaka, H. Takeuchi, „The Knowledge-Creating Company, How Japanese Companies Create the Dynamics of Innovation", Oxford University Press, New York, 1995

[45] A. Picot, U. Laub, D. Schneider, „Comparing Successful and Less Successful New Innovative Businesses", European Journal of Operational Research, Vol. 47, No. 2, 1990

[46] K. Macharzina, „Unternehmensführung", Gabler, Wiebaden, 1993

[47] P. Miller, „Die Intelligenz des Schwarms: Was wir von Tieren für unser Leben in einer komplexen Welt lernen können", Campus, Frankfurt am Main, 2010

[48] National Geographic, P. Miller: „Schwarmintelligenz", Heft 8, 1.08.2007

[49] U. Pillkahn, „Trends und Szenarien: das Werkzeug der Strategieentwicklung", Publics, Bingen am Rhein, 2007

[50] R. Likert, „New Ways of Managing Conflict", McGraw-Hill, New York, 1976

[51] J. Lipnack, J. Stamps, „The TeamNet Factor", Doubleday, New York, 1982

[52] L. von Rosenstiel, „Grundlagen der Organisationspsychologie", 6. Auflage, Schäffer-Poeschel, Stuttgart, 2003

[53] J. Deppe, „Quality circle und Lernstatt: ein integrativer Ansatz", 3. Auflage, Gabler, Wiesbaden, 1992

[54] Wikipedia, „Qualitätszirkel", http://de.wikipedia.org/wiki/Qualit%C3%A4tszirkel, Zugriff 15.04.2012

[55] E. Staudt, P. Mühlemeyer, „Innovation und Kreativität als Führungsaufgabe", Enzyklopädie der Betriebswirtschaftslehre, Band 10: Handwörterbuch der Führung, 2. Auflage, Schäffer-Poeschel, Stuttgart, 1995, S. 1194

[56] O. Schreiner, „Aufbau und Management von Innovationskompetenz bei radikalen Innovationsprojekten", Dissertation, 2006

[57] W. Krüger, Ch. Homp, „Kernkompetenz-Management: Steigerung von Flexibilität und Schlagkraft im Wettbewerb", Gabler, Wiesbaden, 1997

[58] K. Bleicher, „Organisation", Gabler, Wiebaden, 2. Auflage, 1991

[59] M. H. Meyer, J. M. Utterback, „The Product Family and the Dynamics of Core Capability", Sloan Management Review, Spring 1993

[60] J. Ceserani, P. Greatwood, „Innovation and Creativity", Kogan Page, New York, 1997

The manufacturer's authorised representative in the EU is Springer Nature Customer Service Centre GmbH, Europaplatz 3, 69115 Heidelberg, Germany. If you have any concerns regarding our products, please contact ProductSafety@springernature.com

Printed and bound by CPI Group (UK) Ltd, Croydon, CR0 4YY

26/04/2026

02097324-0003